MARCO POLO

Norwegens einzige Großstadt ist weit von einer Metropole entfernt. Von Hektik ist hier nichts zu spüren. Die Osloer selbst und die traumhafte Lage zwischen Fjord und Fjell bestimmen den Puls einer Stadt, die zur Hälfte aus Wald besteht.

MARCO POLO Autor
Jens-Uwe Kumpch

(siehe S. 122)

Das passt:
Der MARCO POLO Sprachführer Norwegisch

Weitere MARCO POLO Titel:
Norwegen

Spezielle News, Lesermeinungen und Angebote zu Oslo:
www.marcopolo.de/oslo

OSLO

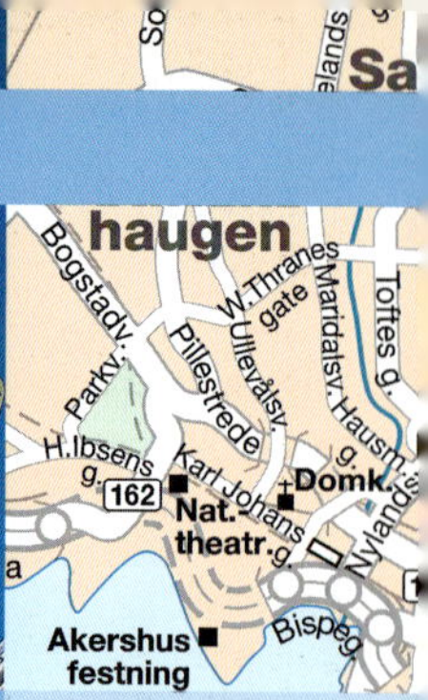

> SYMBOLE

Insider Tipp MARCO POLO INSIDER-TIPPS
Von unserem Autor für Sie entdeckt

★ MARCO POLO HIGHLIGHTS
Alles, was Sie in Oslo kennen sollten

SCHÖNE AUSSICHT

▶▶ HIER TRIFFT SICH DIE SZENE

> PREISKATEGORIEN

HOTELS

€€€ über 150 Euro
€€ 100–150 Euro
€ unter 100 Euro

Die Preise gelten für ein Doppelzimmer pro Nacht mit Frühstück

RESTAURANTS

€€€ über 30 Euro
€€ 20–30 Euro
€ unter 20 Euro

Die Preise gelten für ein Hauptgericht ohne Getränke

> KARTEN

[102 A1] Seitenzahlen und Koordinaten für de Cityatlas Oslo und Übersichtskarte mi Umland auf Seite 114/115

[0] außerhalb des Kartenausschnitts

Zu Ihrer Orientierung sind auch die Objekte mit Koord naten versehen, die nicht ir Cityatlas eingetragen sind. Einen Liniennetzplan der öffentlichen Verkehrsmittel fi den Sie im hinteren Umschl

INHALT

> SZENE

S. 12–15: Trends, Entdeckungen, Hotspots! Was wann wo in Oslo los ist, verrät der MARCO POLO Szeneautor vor Ort

> 24 STUNDEN

S. 84/85: Action pur und einmalige Erlebnisse in 24 Stunden! MARCO POLO hat für Sie einen außergewöhnlichen Tag in Oslo zusammengestellt

> LOW BUDGET

Viel erleben für wenig Geld! Wo Sie zu kleinen Preisen etwas Besonderes genießen und tolle Schnäppchen machen können:

Umsonst mit dem Fahrrad durch die Stadt S. 35 | Mahlzeit zum Studententarif S. 55 | Stöbern, kaufen und dabei Gutes tun S. 61 | Gratiskonzerte – in der Oper und um die Oper herum S. 67 | Günstiges Hüttenfeeling S. 74

> GUT ZU WISSEN

Richtig fit! S. 10 | Entspannen & Genießen S. 29 | Blogs & Podcasts S. 38 | Osloer Leidenschaften S. 45 | Gourmettempel S. 52 | Spezialitäten S. 54 | Luxushotels S. 72 | Was kostet wie viel? S. 92 | Bücher & Filme S. 93 | Wetter in Oslo S. 94 | Währungsrechner S. 95 |

AUF DEM TITEL
Blick von der Skisprungschanze Holmenkollen S. 47
Multikultiviertel Grønland S. 58

ENTDECKEN SIE OSLO!

Unsere Top 15 führen Sie an die traumhaftesten Orte und zu den spannendsten Sehenswürdigkeiten

Die Highlights sind in der Karte auf dem hinteren Umschlag eingetragen

1 Aker Brygge
Früher Werftgebiet, heute die wichtigste Kneipenmeile in Oslo und beliebter Treff für Einheimische und Touristen (Seite 25)

2 Nasjonalgalleriet
Kunst für alle: Norwegens größte Gemäldesammlung dürfen Sie sich kostenlos ansehen (Seite 26)

3 Nobels Fredssenter
Zum Informieren und Nachdenken: Die Ausstellung zum wichtigsten Preis überhaupt (Seite 28)

4 Akershus Festning og Slott
Das mächtige Bauwerk hoch über dem Fjord hat viele Angriffe, aber auch Oslos wechselvolle Geschichte gut überstanden (Seite 31)

5 Vigelandsparken
Der Ausstellungspark mit den Skulpturen des großen norwegischen Bildhauers ist die Attraktion Nummer eins in der Hauptstadt (Seite 38)

6 Operahuset
Hoch aufragend wie ein Eisberg liegt Norwegens 2008 errichteter Prachtbau ganz aus weißem Marmor am Hauptstadtfjord (Seite 44)

7 Henie-Onstad-Kunstsenter
In dieser prachtvollen Galerie mit Fjordblick fand die hochkarätige moderne Kunstsammlung des norwegischen Eiskunstlaufstars Sonja Henie ein ebenso angemessenes wie ansprechendes Zuhause (Seite 46)

> DIE BESTEN MARCO POLO HIGHLIGHTS

8 Holmenkollen
Nicht nur Skispringer freuen sich über die neue Schanze im Zentrum des nordischen Skisports. Auch Besuchern beschert der „Suppenlöffel" reichlich Nervenkitzel (Seite 47)

9 Ekebergrestauranten
Die Aussicht ist kostenlos und an späten Sommerabenden unvergesslich – vom Essen ganz zu schweigen (Seite 51)

10 Palace Grill
Rustikales Ambiente und eine Küche, die jeden Geschmack trifft (Seite 53)

11 Grønland
In Oslos kulturellem Schmelztiegel wird die Shoppingtour zur kleinen Reise um die Welt (Seite 58)

12 Blå
Die Jazzkneipe am Fluss Akerselva gilt als eine der besten Konzertbühnen in Europa – kein Wunder, dass die Warteschlangen vor der Tür oft lang sind (Seite 67)

13 Holmenkollen Park Hotel Rica
In dem Märchenschloss ganz aus Holz hoch über dem Fjord schläft und isst es sich fürstlich (Seite 70)

14 Vikingskipshuset
Imponierende Schiffsbaukunst aus dem Mittelalter und weiteres Wissenswertes über die Wikinger (Seite 83)

15 Drøbak
Malerisches Küstenstädtchen am Oslofjord und Paradies für Segelfreunde (Seite 88)

WAS FÜR EINE STADT!

Blick auf Oslo vom Akershus Slott

Eine Großstadt, aber keine Metropole. Ein urbaner Kessel, umrahmt von Wäldern und Fjord. Oslo besuchen heißt Gegensätze auf kleinstem Raum erleben – Traditionsbewusstsein und europäische Modernität, Naturliebe und Großstadtvision, Holzhäuschen und zukunftsweisende Architektur. Norwegens Hauptstadt ist die grüne Kühle im Norden, deren Wärme und Offenheit sich erst auf den zweiten Blick erschließen. Immer weht ein Hauch von skandinavischer Ruhe durch die Stadt. Wer nach Oslo kommt, findet kulturelle Erlebnisse statt Einkaufsmeilen und ein Stück purer Natur statt Hochhausfluchten. Denken Sie Großstadt und fühlen Sie Land – das ist Oslo!

> Die meisten Besucher kommen mit dem Schiff nach Oslo, schleichen sich vom Wasser her an die Stadt heran, die zwischen grün gekleideten Hügeln ihren Platz gefunden hat. Ihre Skyline ist ein Sammelsurium: Containerhafen auf der einen Seite, Segelhafen auf der anderen. Dazwischen das im Sonnenlicht funkelnde neue Opernhaus, auf einer Landzunge die wuchtige Festung Akershus, die viereckigen Türme des ziegelroten Rathauses, die Flaniermeile Aker Brygge. Die ganze Dynamik der norwegischen Hauptstadt in einem einzigen Bild: Industrie und Freizeit, Kultur und Geschichte, Politik und Promenade. Und beim Bummel durch die Straßen entdecken Besucher schon bald, dass alles überschaubar, fast kleinstädtisch wirkt und dass die Osloer selbst und die traumhafte Lage zwischen Fjord und Fjell den Puls der Stadt bestimmen.

454 km² groß ist Oslo und damit halb so groß wie Berlin – viel Platz für die nicht einmal 900 000 Einwohner. Die Hälfte der Fläche bedeckt Wald, es gibt mehr als 300 Seen. Das ist den Osloern wichtig, denn *friluftsliv,* also Aktivitäten in der freien Natur, gehören zum Selbstverständnis der Norweger. Die Bahnfahrt auf 500 m Höhe, zum Holmenkollen, zu den Haltestellen Voksenkollen (wo es auch einen Skiverleih gibt) oder nach Frognerseter hinauf, dann die Wanderung zu Fuß oder auf Skiern in die Wälder hinein, ist für Osloer ein ganz normaler Sonntagsausflug und aktiven Besuchern unbedingt zu empfehlen. Oder eine Fahrt auf den Fjord hinaus: Dicht an dicht treiben und tuckern Segel- und Motorboote bis nahe an die Innenstadtanleger. Ausflugsschiffe gibt es genug, und Eingeweihte wissen, dass die Fjordfahrt im Winter ein weiteres Plus bereithält: Wenn sich frostgetränktes Halblicht über die von Schnee gerahmte Hauptstadt legt, ist Oslo vom Wasser besehen ein mystischer Ort.

Oslo ist Norwegens einzige Großstadt und doch weit von einer Metropole entfernt. Von Hektik ist nichts zu spüren. Verkehr gibt es zwar auch

Im ohnehin grünen Oslo ist die Pflanzenpracht des Botanischen Gartens das Tüpfelchen auf dem i

hier reichlich, Läden und Straßenmusiker sorgen für Beschallung, ein paar Skater schlängeln sich an Passanten vorbei. Doch niemand flucht oder regt sich auf. Vor den Restaurants und Cafés stehen ein paar Tische, die bei jedem Wetter dank Heizlampen und Wolldecken gut besetzt sind.

> ***Wald bedeckt die Hälfte des Stadtgebiets von Oslo***

Alles wirkt gemächlich. Den Norwegern ist es fremd, ihren Unmut mit Rufen oder Hupkonzerten kundzutun. Diese zurückhaltende Attitüde prägt auch das Hauptstadtleben. Die Stadtarchitektur unterstreicht dies, überall sind die Häuserschluchten aufgebrochen: Statistisch gesehen haben 95 Prozent der Stadtbevölkerung im Umkreis von 300 m eine Grünanlage. Die vielen Parks und Plätze der Stadt sind eben dazu da, zu bummeln oder sich auf eine Bank zu setzen, um dem

Treiben in der Stadt entspannt zuzusehen. Und es ist sicher kein Zufall, dass der Mittelpunkt Oslos nicht der Hauptbahnhof ist oder das Schloss, sondern die Grünanlage *Studenterlunden* zwischen Parlament und Nationaltheater. Der einstige Campus, ein rechteckiger Park mit Dutzenden von Bänken, ist Oslos Treffpunkt schlechthin – für Einheimische und Besucher. In den Wintermonaten ist hier eine Eisbahn angelegt, die nicht nur bei den Jugendlichen der Hauptstadt gut ankommt.

Wer die Vielfalt Oslos entdecken möchte, fährt mit den Straßenbahnlinien 11, 12 und 13 durch zentrale Stadtteile und stellt dabei fest, dass alte und neue Bauten manchmal etwas unglücklich nebeneinander stehen. Es gibt nur wenige baulich homogene Stadtviertel. Bis zur Jahrtausendwende spielte der Straßenverkehr eine allzu starke Rolle bei der Stadtplanung, und so mancher Parkhausbau war dem Gesamteindruck nicht zuträglich. Das Umdenken der vergangenen zehn Jahre hat Oslo sehr gut getan: Die Hauptverkehrsstraßen verlaufen im Untergrund, und die Stadt öffnet sich mit großen Schritten zum Fjord hin. Uferpromenaden und die in Norwegen als *Allmenning* bezeichneten Plätze werden von der Bucht Bjørvika bis zur Vergnügungsmeile Aker Brygge das Bild der Stadt zum Wasser hin nachhaltig verändern. Dort entstehen gerade die neuen Gebäude der Nationalgalerie und des Munchmuseums, die mit dem Opernneubau der Skyline Oslos eine andere Form geben werden. Was um die Oper, dieses weithin sichtbare und

Offenheit ausstrahlende „europäische Bauwerk des Jahres 2008" herum wächst, könnte die Stadt zumindest architektonisch zu einer wirklichen Metropole machen, in jedem Fall aber wird es Oslos Anspruch als ernstzunehmende Kulturstadt unterstreichen.

> Die Osloer werden von ihren Landsleuten kritisch beäugt

Norwegen hat gut 4,8 Mio. Einwohner, allein 860 000 davon leben im Großraum Oslo. Das ist viel, und nimmt man die Lage der Stadt am südöstlichen Zipfel des Landes hinzu, wundert es nicht, dass es einen schwelenden Konflikt zwischen der Hauptstadt und dem Rest des Landes gibt. Die Osloer wüssten ja kaum, wird außerhalb der Hauptstadt gern kolportiert, dass der Vestfjord in Nordnorwegen, der Nordfjord dagegen in Westnorwegen liegt. Und die Osloer müssen sich den Vorwurf gefallen lassen, arrogant und nabelbeschauend zu sein, obwohl sie wirtschaftlich stark am Tropf der wertschöpfenden Regionen hängen. In Oslo sitzen nicht nur die Regierung und die meisten staatlichen Behörden, sondern auch alle landesweit erhältlichen Tageszeitungen. Die Spannungen zwischen Kapitale und den Regionen kamen bei den beiden EU-Volksabstimmungen 1972 und 1994 sehr deutlich zum Vorschein. Die Osloer sahen sich beide Male siegesgewiss als EU-Bürger, mussten aber einsehen, dass West-, Mittel- und Nordnorweger ihnen den Weg nach Brüssel versperrten.

Der Konflikt zwischen Regierung und Regierten ist vor allem historisch begründet. Als Norwegen zwischen 1536 und 1814 zu Dänemark gehörte und von Kopenhagen aus regiert wurde, war *Christiania,* wie Oslo damals hieß, wichtigstes Standbein im Land der Mitternachtssonne. Während überall im Land die Fischer, Bauern und der Handel mit ihren Produkten das Wirtschaftsleben in Gang hielten, war die Stadt am Oslofjord von den Ent-

> RICHTIG FIT!

Sognsvann: Wo Oslos Sportlerherzen höher schlagen

Nur eine Straßenbahnfahrt mit der Nr. 3 vom Zentrum entfernt (Haltestelle Sognsvann) liegt Oslos bekannteste Strecke für Spaziergänger und Jogger. Ein Lauf um den See *Sognsvann* ist die ideale Tour – nah dran am Zentrum und trotzdem mittendrin in den norwegischen Wäldern. Die Strecke ist 3,3 km lang, frische Luft und weite Landschaft gibt's gratis dazu. Wer nicht joggen will oder kann: Für eine Fahrradtour eignet sich der gut präparierte Kiesweg ebenso. Auch Behinderte im Rollstuhl können die Trainingsstrecke um den See absolvieren. Wer unterwegs Lust auf mehr bekommt, biegt einfach in einen der beschilderten Wanderwege in die Wälder der Marka ein. Hier erwarten die besonders gut Trainierten unzählige Kilometer Joggingstrecken.

sandten der Krone und einer Beamtenschaft geprägt, die ihr Gehalt aus Kopenhagen bezogen. Die beiden EU-Abstimmungen der jüngsten Vergangenheit haben diese historischen Gegensätze nur noch einmal unterstrichen. Die Osloer müssen damit leben, von ihren Landsleuten kritisch beäugt zu werden, doch dem Selbstbewusstsein der Hauptstädter tut dies keinen Abbruch. Sie haben Erfahrung darin, abfällige Bemerkungen mit einem Lächeln wegzustecken. Doch zugleich hegen sie historisch begründet immer noch ein gewisses Minderwertigkeitsgefühl gegenüber den anderen nordischen Hauptstädten, insbesondere Stockholm.

Oslo ist und bleibt eine Stadt, an der man sich reiben kann. Dass ständig gebaut wird, sehen die einen als Ausdruck von Unruhe, die anderen preisen die Dynamik. Dass Oslo europäische Peripherie ist, wird durch ein pulsierendes, trendiges Nachtleben und viele international anerkannte Restaurants und Köche widerlegt. Dass in der Hauptstadt eines als puritanisch verschrienen Landes Toleranz großgeschrieben wird, passt zur Grundhaltung der Norweger „leben und leben lassen“. Und dass die Norweger selbst mit einer ordentlichen Portion Skepsis auf ihre Hauptstadt blicken, hindert die Osloer selbst nicht daran, auf ihre Stadt sehr stolz zu sein. Widersprüchlich eben und schon beim zweiten Hinsehen spannend – es gibt viele gute Gründe, dieser Stadt mit Offenheit zu begegnen und sich auf sie einzulassen.

Nach draußen streben Osloer bei jeder Gelegenheit, tanken Licht in Cafés, Parks und auf Plätzen

TREND GUIDE OSLO

Die heißesten Entdeckungen und Hotspots! Silje Pedersen scoutet Sie durch den Szene-Dschungel

Unser Szene-Scout
ist Moderedakteurin, Stylistin und Personal Shopper. Aber Silje Pedersen ist nicht nur in der quirligen Modeszene zu Hause. Sie liebt die Weltoffenheit Oslos und zieht am liebsten durch das Trendviertel Grünerløkka, in dem sie immer wieder neue Cafés und Nightlifehotspots entdeckt. Inspirationen holt sie sich im Grünen oder vom Kulturenmix der Stadt.

MODEFANTASIEN

Unkonventionell & lässig

Oslos Nachwuchsdesigner schneidern Mode für Mutige. Wer sonst traut sich einen knallbunt gemusterten Anzug von *Moods of Norway* (Foto) zu tragen? Eine, die genug Selbstbewusstsein dafür hat und auf die Kreationen des Desginerteams schwört, ist Trendsetterin Gwen Stefani *(Lilleakerveien 31, www.moodsofnorway.no)*. *So Hee* entwerfen einen Mix aus Alt und Neu und haben mit ihren unkonventionellen Designs schon mehrere Preise eingeheimst. Ihre Kollektionen – und die anderer skandinavischer Jungdesigner – shoppen Fashionfans am besten in der *Boutique Boa (Thorvald Meyers gate 50, www.mettemoller.no)*. Wer Design hautnah erleben will, besucht das Atelier von *Cecilie Melli*. Hier findet man ausgefallene Accessoires und kann der Designerin direkt beim Schneidern zusehen *(Theresesgate 32, www.ceciliemelli.com)*.

SZENE

▶▶ RECYCLE LOCATIONS

Aus Alt mach Stylish

Ehemalige Industrie- und Fabrikanlagen werden neu genutzt und zum Hotspot für Feinschmecker und Kreative. Die hohen Räume und alten Gemäuer behalten ihren einstigen Charme, modernes Design macht sie jedoch zu In-Locations. Die ehemalige Trafostation in Briskeby beherbergt jetzt das Restaurant *Bølgen & Moi*, in dem sich Gourmets mit innovativen Gerichten verwöhnen lassen *(Løvenskiolds gate 26, www.bolgenogmoi.no,* Foto*)*. Auch opulentes Design macht sich im kühlen Industrieambiente hervorragend. Deswegen präsentieren *Rom for Idé* ihre ausgefallenen Möbelstücke in einem alten Molkereigebäude *(Jac Aalls gate 54, www.romforide.no)*. Wo viel Platz ist, bringt man jede Menge unter. Das dachten sich wohl die Macher des *Posthallen Restaurants*, das neben Restaurant, Bar und Lounge am Wochenende als Club auch Partypeople in den riesigen Hallen Einlass gewährt *(Prinsensgate 8, www.posthallenrestaurant.no)*.

▶▶ ÖKOMOBIL

Grüner Trend

Das neue Umweltbewusstsein rückt immer mehr in den Fokus. Auch Oslos Nahverkehr kann und will sich dem grünen Sog nicht entziehen. Wer die Stadt ökologisch korrekt durchfahren will, tut dies mit den Hybridtaxis von *Oslo Cab (www.oslo-cab.com)* oder mit der U-Bahn, die erst kürzlich mit neuen Zügen ausgestattet wurde. Diese benötigen nicht nur 30 Prozent weniger Energie, sondern können nach ihrem Einsatz sogar zu 95 Prozent recycelt werden *(www.sporveien.no)*. Alljährlich wiederkehrendes Vergnügen ist die *Viking-Rally*. Hierbei gehen Rennfahrer mit Hybridautos an den Start. Die Rallye, die in Oslo startet, hat weniger mit Fahrvermögen zu tun als damit, die nächste Wasserstofftankstelle ausfindig zu machen *(www.vikingrally.no,* Foto*)*.

FRISBEE-MANIA!

Farbenfroher Trendsport

Sobald der Schnee in Oslo zu schmelzen beginnt, sind es nicht nur die ersten Frühlingsblumen, die für die bunte Farbenpracht in den Parks der Stadt sorgen, sondern auch blaue, rote oder gelbe Frisbees. Disc Golf ist der neue Trend. Dabei versuchen die Sportler mit den Frisbeescheiben in Körbe zu treffen. Die Mitglieder des Disc-Golf-Vereins *Ekeberg Sendeplate Klubb* spielen regelmäßig die 18 Körbe im Freizeitareal in Ekeberg *(Ekebergsletta, www.ekebergsk.com,* Foto*)*. Auch im Frognerpark stehen Frisbeefans neun Körbe zur Verfügung *(www.frognerfrisbeeklubb.no)*. Neben dem ansässigen Disc-Golf-Club treffen sich hier die Cracks der größten Ultimate-Frisbee-Mannschaft der Stadt, *EZ Ultimate*. Tipp: Über spontane Mitspieler freuen sich die Spieler immer *(www.ezultimate.no)*. Termine und Infos zu Disc-Golf und Ultimate gibt's beim *Norges Frisbeeforbund (www.frisbee.no)*.

INNOVATIVES FLAIR

Szeneviertel Grønland

Gerade noch galt der Nightlifehotspot Grünerløkka als das In-Viertel Oslos, schon zieht die Szene weiter ins südliche Grønland, das Multikultiviertel der Stadt. Die vielen Eindrücke bieten den aufstrebenden Künstlern, die in der *Galerie 0047* ausstellen und arbeiten, jede Menge Inspiration *(Schweigaardsgate 340, www.0047.org,* Foto*)*. Auch ein ganz besonderes Designerduo hat sich hier niedergelassen: Anne Brit Opdahl und Laura Armonaite kreieren unter dem Label *3rdhand* innovative Mode aus Secondhand-Klamotten und verkaufen sie von ihrem Studio aus *(Markveien 59, www.3rdhand.no/intro.swf)*. Abends heißt es ab ins *Gloria Flames*. Hier trifft sich die Szene zu angesagten Livekonzerten und leckeren Drinks auf der Dachterrasse *(Grønlandsleiret 18, www.gloriaflames.no)*.

OPEN KITCHEN

Dem Koch über die Schulter geguckt

Die neuen Osloer Restaurants stillen nun nicht mehr nur den Hunger von Gourmets, sondern auch deren Neugier. Wie das geht? Die Restaurantküchen sind offen, und jeder Gast kann dem Koch auf die Finger schauen. Liebhaber der französischen Küche zieht es dazu in die *Brasserie France (Øvre Slottsgate 16 N, www.brasseriefrance.no,* Foto*)*. Das *Restaurant Eik* legt Wert auf Kunst – in der Küche und an den Wänden. Zumindest von den Fertigkeiten des Küchenchefs überzeugt man sich am besten live *(Universitetsgata 11, www.restauranteik.no)*. Weitere Restaurants mit offener Küche: *Flukt Restaurant og Vinbar (Olav Selvaags Plass 1)* und *Oro (Tordenskiolds gate 6)*.

MODERNE KUNST

Abstraktes mit Interpretationsspielraum

Teils minimalistisch, teils bizarr – Kunstwerke, die erst auf den zweiten Blick begreifbar werden, haben es den Osloern angetan. Vor allem die düsteren Skulpturen von *Matias Faldbakken* sind Publikumsmagnet in der *Galerie Standard (Hegdehaugsveien 3, www.standardoslo.no,* Foto*)*. Auch *Øystein Aasan* lässt in ihren eigenwilligen Kombinationen aus Skulptur und Bild Platz für Interpretationen *(www.oysteinaasan.com)*. Ihr und anderen konzeptionellen Künstlern bietet *Lautom Contemporary* Raum für Ausstellungen *(Collettsgate 6, www.lautom.no)*. In den kargen Räumen der *Galerie MGM* wirken abstrakte Werke besonders eindrucksvoll *(Haxthausens gate 3, www.gallerimgm.com)*.

OSLO-DISKO

Funky Mixes

Ein Disko-Revival überrollt Norwegens Hauptstadt. Die 1980er-Jahre Sounds werden durch DJs wie *Hans-Peter Lindstrøm (www.myspace.com/feedelity)* oder *Prins Thomas (www.myspace.com/prinsthomas)* neu verpackt und sorgen als Mix zwischen Minimal Electronica und funky House auf Dancefloors der Stadt für Stimmung. Zwei Geheimtipps für die neuesten Underground House- und Technobeats sind *Sikamikanico (Møllergata 2, www.sikamikanico.no)* und *Kryztal (Tordenskjolds gate 9)*.

> ENTSPANNTES HAUPTSTADTLEBEN

Fußball gucken, Jazz hören, Sport treiben – Osloer sind gesellig und gern draußen, am liebsten in der Mittsommernacht

FUSSBALLKNEIPEN

Teures Bier scheint beim Fußball besser zu schmecken: Obwohl Nationalmannschaft, Spieler und Clubs aus Norwegen international kaum eine Rolle spielen, ist die schönste Nebensache der Welt im Osloer Stadtbild äußerst präsent. Seit Beginn des Fernsehzeitalters zeigen norwegische Männer eine besondere Vorliebe für englischen Fußball, und Traditionen müssen gepflegt werden. Besucher sollte es daher nicht verwundern, dass auf Großbildleinwänden in Osloer Kneipen, die zudem oft englische Namen tragen, mehrmals pro Woche englische Topclubs auflaufen.

JAZZ

Seit Jahrzehnten steht Oslo im Zentrum der international anerkannten norwegischen Jazzmusik. Anfang der 1980er-Jahre waren es Sängerin Karin Krog

Bild: Königspalast

STICH WORTE

und Saxofonist Jan Garbarek, die sich als Türöffner für norwegische Talente erwiesen. 1983 etablierte sich hier eines der besten Tonstudios der Welt: *Recorded at Rainbow Studio, Oslo. Engineer: Jan Erik Kongshaug* ist in der Jazzmusik ein absoluter Qualitätsstempel. Die besten internationalen Jazzlabels haben norwegische Gruppen und Solisten in ihrem Programm. Sie sorgen auch dafür, dass die vielen Konzertbühnen in Oslo gut besucht werden. Zentrum der Szene bilden *Bare Jazz* mitten in der Stadt *(Grensen 8)* mit schier unbegrenztem Angebot klassischer und moderner Aufnahmen und die *Nasjonal Jazzscene* im Victoriasaal direkt auf Oslos Hauptstraße Karl Johan *(www.nasjonaljazzscene.no)*.

MARIA MENA & CO.

Butterweiche Popballaden aus dem kühlen Norden: Die Tochter eines

Schlagzeugers hat Musik im Blut und das Zeug zum internationalen Star. Der Durchbruch gelang Maria Mena 2005 mit „Apparently Unaffected". Der Song verkaufte sich mehr als eine Viertelmillion Mal. Die sehr persönlichen Texte der jungen Osloerin

In der Mittsommernacht bleibt der Himmel über Oslo hell und fast jedes Bett leer

kommen besonders in Deutschland und den Niederlanden gut an, aber auch bei Talkmaster David Letterman in den USA war sie schon zu Gast. Aus dem Schatten von Maria Mena tritt mit großen Schritten derzeit die Sängerin Marit Larsen, zu deren Vorbildern Joni Mitchell gehört. Spätestens seit dem Friedenspreiskonzert 2008 in Oslo gilt sie als „coming star" der norwegischen Hauptstadt.

MITTSOMMERNACHT

Die Zeit der Sommersonnenwende wird auch in Oslo ausgiebig begangen. Schlafen kann man schließlich, wenn der Sommer vorbei ist! Wer es irgendwie einrichten kann, macht im Urlaub oder am Wochenende die Nacht zum Tag und holt den Nachtschlaf eben tagsüber auf irgendeiner Parkwiese mitten in der Stadt nach. Dies gilt vor allem für die Nacht vom 23. auf den 24. Juni. Mit Lagerfeuern und Gegrilltem feiern die Hauptstädter an den Ufern des Oslofjords die Mittsommernacht. Die Sonne geht zwar für ein paar Stunden unter, doch in der Stadt kehrt keine rechte Ruhe ein. Noch mehr Menschen als sonst sind bis weit nach Mitternacht auf den Beinen, auf der Kneipenmeile Aker Brygge drängeln sich die mehr oder weniger nüchternen Besucher, und auf den vertäuten Segelbooten vor dem Rathaus wird bis zum frühen Sonnenaufgang Party gemacht. Leider lässt der Alkoholkonsum die Stimmung zu später Stunde so manches Mal kippen. Auf die Gäste der Stadt mag das abstoßend wirken. Das beste Rezept dagegen ist mitzumachen oder mit einem Boot eine ruhige Schäre im Oslofjord anzusteuern. Oder eben doch ins Bett zu gehen.

MONARCHIE

Eigentlich nimmt die Ahnenreihe der norwegischen Könige ja bereits zur Wikingerzeit ihren Anfang, trotzdem ist Norwegens Monarchie jung. Nach fast 400 Jahren dänischer Fremdherrschaft (bis 1814) und einem knappen Jahrhundert unter der schwedischen Krone musste das Land 1905 einen Prinzen aus Dänemark importieren, der dann nach einer Volksabstimmung auf dem norwegischen Thron Platz nahm. Die Beliebtheit dieser königlichen Familie ist bis heute ungebrochen. Harald V., Kronprinz Haakon Magnus und Prinzessin Märtha Louise haben allesamt bürgerlich geheiratet, und niemand stößt sich mehr daran. Der Regent und seine Kinder werden auch von den Republikanern im Land respektiert.

SPORT

Es gibt nationale Mythen, die jeden Wandel überleben: *Norweger sind sportlich* ist so einer. Und da Oslo seit den Olympischen Winterspielen 1952 den Ruf zu verteidigen hat, Sporthauptstadt zu sein, ist man auch im Sommer eifrig bemüht, Osloer und Besucher der Stadt mit Leistungs- und Breitensport zu locken. Das Leichtathletik-Meeting im Bislett-Stadion an einem Freitag im Juni ist seit 1998 Grand-Prix-Veranstaltung. Der internationale Marathon meldet jedes Jahr einen neuen Teilnehmerrekord, und die Holmenkollen-Staffel gehört mit mehr als 2000 Mannschaften und über 30 000 Teilnehmern zu den größten Laufwettbewerben der Welt.

KULTUR OHNE GRENZEN

Oslos Eventkalender ist vor allem in Sachen Musik von Metal bis Klassik erstklassig und international bestückt

> Für nahezu alle Veranstaltungen und Festivals in Oslo bekommen Sie Tickets über *Billettservice (Tel. 81533133 | www.billettservice.no)*.

OFFIZIELLE FEIERTAGE

1. Jan. *Neujahr;* **1. Mai** *Tag der Arbeit;* **Gründonnerstag; Ostermontag; 17. Mai** *Tag der Verfassung;* **Christi Himmelfahrt; Pfingstmontag; 24. Dez.** *Heiligabend (nachmittags),* **25./26. Dez.** *Weihnachten*

VERANSTALTUNGEN

Januar

Oslo Vinternattfestival des Norwegischen Kammermusikorchesters am letzten Wochenende des Monats in Kirchen, Cafés und der alten Osloer Loge *(www.detnorskekammerorkester.no)*

Februar

Ein ausgesprochen nordisches Profil hat das *Rockfestival by:larm* (Insider Tipp) mit rund 50 zumeist jungen Gruppen. Eine Fachjury wählt die Teilnehmer aus, das Niveau ist erstaunlich hoch.

März

Der ★ *Holmenkollen-Sonntag* (meist der 2. des Monats) ist mehr als ein Skispringen. Das Volksfest beginnt schon in der U-Bahn, um die Schanze herum ist dann bei jedem Wetter richtig Stimmung, die durch erstklassige Sprünge, Punsch und warme Würstchen angeheizt wird.

April

Beim *Inferno Metal Festival* treffen sich 40 Bands und Fans der wirklich harten Musik vier Tage zum ausgiebigen Feiern *(www.infernofestival.net)*.

Mai

Höhepunkt des Nationalfeiertags am 17. ist der *Kinderumzug* auf der Straße Karl Johan zum Schlossplatz hoch und an der königlichen Familie vorbei. Den Rest des Tages wird gefeiert – in jedem Stadtteil, in den Parks und immer für die Kinder.

Juni

★ *Mittsommernacht:* Am 23. Juni feiert ganz Oslo mit Lagerfeuern und viel

> EVENTS FESTE & MEHR

Alkohol unter freiem Himmel die kürzeste Nacht des Jahres.
Norwegian Wood: Oslos ältestes und bekanntestes Rockfestival auf dem Gelände des Freibads *Frognerbadet* mit internationalen Rockklassikern und norwegischen Gruppen *(www.norwegianwood.no | Karten über Billettservice, bei Postämtern oder Narvesen- und 7-Eleven-Kiosken)*

August
Øyafestivalen: internationales Rockfestival Anfang des Monats im *Middelalderparken* *(www.oyafestivalen.com)*
Oslo Kammermusikkfestival mit hochkarätigen Streichquartetten aus aller Welt. Attraktive Mischung aus entspannter Atmosphäre und ungewöhnlichen Veranstaltungsorten, z. B. im Hof der Festung Akershus *(www.oslokammermusikkfestival.no)*

August/September
Ibsen-Festival: erstklassiges Theatertreffen, bei dem Inszenierungen des norwegischen Dramatikers von Ensembles aus der ganzen Welt aufgeführt werden *(www.ibsenfestivalen.no | Karten unter Tel. 81 50 08 11)*

Oktober
CODA Oslo International Dance Festival: hochkarätiges Tanztheater mit Gastspielen aus aller Welt in der neuen Oper und im Dansens Hus *(www.codadancefest.no)*

November
Oslo World Music Festival: ein Höhepunkt im Osloer Musikjahr in der ersten vollen Novemberwoche, mehr als 20 Konzerte mit Musikern aus allen Erdteilen *(www.rikskonsertene.no/osloworldmusicfestival)* Insider Tipp

Dezember
Konzert anlässlich der Friedensnobelpreisverleihung am 11. Dezember im Konzertsaal *Oslo Spektrum,* bei dem auch der Preisträger dabei ist *(Tickets über Billettservice)*

> NACH AUSBLICKEN SUCHEN

Neulinge nähern sich Norwegens Hauptstadt am besten vom Wasser aus – oder aus der Höhe

> Denken Sie sich den Fjord und die bewaldeten Höhen im Norden weg – Oslo wäre eine eher langweilige Hauptstadt. Ein Schloss, ein weltberühmtes Skistadion, ein Park mit einer imposanten Skulpturensammlung, ein wuchtiges Rathaus und seit Kurzem eine Oper aus weißem Marmor am Fjord – war es das etwa schon? Nein, war es nicht! Und manchmal reicht schon ein Perspektivenwechsel, um das Überraschende, das Besondere zu entdecken.

Bild: Blick von Pipervika auf Akershus Festning

Fahren Sie ein paar Kilometer aus der Stadt hinaus Richtung Nordwesten. *Kragstøtten* ist ein Rastplatz oberhalb der Skianlage Holmenkollen und der schönste Aussichtspunkt in Oslo: Sie sehen den Fjord, der im klaren Sommerlicht zwischen den Inseln irgendwo im Süden verschwindet, blicken hinüber zu den Hängen im Westen und Osten und haben gleichzeitig die gesamte Stadt zu Füßen. Dieser Kessel dort unten, der

Insider Tipp

SEHENS WERTES

im Volksmund auch tatsächlich so heißt – *Oslo-Gryta* –, birgt Überraschungen: Guts- und Bauernhöfe als Relikte der Agrargesellschaft, mächtige Industriegebäude, in die Kulturbetriebe eingezogen sind, feine Bürgerviertel und spannende kulturelle Schmelztiegel. Selbst Viertel mit Holzhäusern haben sich in Oslo bis ins 21. Jh. gehalten – im Westen eher weiß gestrichen und den Reichen vorbehalten, im Osten bis heute vor allem rot und von Arbeitern bewohnt. Spaziergänge durch Oslos Stadtteile sind Begegnungen mit der Geschichte und den Veränderungen, die im Zuge des steten Wachstums der Hauptstadt notwendig waren. Am besten, Sie gehen zuerst auf die Anhöhen und lassen von dort den Blick schweifen. Das garantiert Überraschungen! Und wenn Sie sich dann auf die Entdeckungstour durch Norwegens Hauptstadt machen, ist abgesehen vom

OSLO IM ÜBERBLICK

Die Karte zeigt die Einteilung der interessantesten Stadtviertel. Bei jedem Viertel finden Sie eine Detailkarte, in der alle beschriebenen Sehenswürdigkeiten mit einer Nummer verzeichnet sind

Fußmarsch die Straßenbahn *(trikken)* das ideale Verkehrsmittel. Ihre Linien durchziehen alle Stadtteile, und auf dem Weg zu den Sehenswürdigkeiten sammeln Sie gleich ein paar Eindrücke von Oslos Vielfalt. Ein großes Plus im sonst teuren Oslo: Viele Museen, staatliche, aber auch private, sind gratis.

STADTMITTE

> Wenn er müsste, könnte Norwegens König Harald jeden Morgen sein Schloss auf dem Hügel verlassen und hätte nach gerade mal 15 Minuten den Osloer Hauptbahnhof erreicht. So kompakt ist das zentrale Oslo: Es beschränkt sich auf die Karl Johans gate mit ihren Nebenstraßen vom Schloss bis zum Hauptbahnhof Oslo S(entral). Eine kaum 2 km lange Straße, links und rechts viel Sehenswertes, Geschäfte, Bars, Restaurants, aber auch Grünanlagen. Touristisches Herz der Hauptstadt, politisches Zentrum des Landes, Platz für Vergnügungen und Straßenkunst, für Prachtbauten und Kunstgenuss. Karl Johan ist der Ausgangspunkt für alle, die Oslo entdecken wollen. Alles ist zu Fuß in wenigen Minuten erreichbar, und immer wieder wird man zum *Studenterlunden,* dem Park zwischen Parlament und Nationaltheater, zurückgelockt. Er ist Fixpunkt für die Touren durch Oslos Zentrum.

SEHENSWERTES

1 AKER BRYGGE ★ [111 D2]

Die Vergnügungsmeile am Oslofjord ist Aker Brygge. In den Backsteinhallen einer ehemaligen Werft sind Einkaufszentren und Geschäfte untergebracht, Bars und Restaurants säumen den Kai. Hier können Sie flanieren und Fjordluft schnuppern, dem Schiffsverkehr zuschauen, den Blick auf Akershus Festning genießen und dazu in einem der Kairestaurants ein Bier trinken. Und weil an schönen Sommertagen auch die Osloer zu Tausenden hierherkommen, um Sonne und Wasser zu genießen, kann es schon mal vorkommen, dass Sie in den Kneipen keinen Sitzplatz mehr bekommen und Stille nur auf einem Segelboot im Fjord finden. Von wo auch immer Sie das Wasser im Blick haben: Auf Aker Brygge spürt man, dass das Herz der Schifffahrtsnation Norwegen ganz in der Nähe pocht. Wer hier unten am Kai in Ruhe und zwanglos speisen möchte, kauft sich direkt von einem der Fischerboote vor dem Rathaus eine Tüte Garnelen und genießt die Fjordaussicht von einer Bank aus. Der klassische norwegische Sommersnack schmeckt „aus der Hand" einfach am besten. *Straßenbahn 12: Aker Brygge*

Insider Tipp

2 IBSENMUSEET [111 D1]

Henrik Ibsen (1828–1906), Norwegens berühmtester Schriftsteller, gilt als Begründer des modernen Dramas und einer der wichtigsten Vertreter des Realismus. Bis heute ist er einer der weltweit meistgespielten Autoren. Werke wie „Peer Gynt", „Nora oder Ein Puppenheim" oder „Die Wildente" sind Klassiker. Trotz seines bedeutenden Einflusses auf die Welt-

MARCO POLO HIGHLIGHTS

★ Aker Brygge
Flaniermeile mit Seeluft und erfrischendem Nachtleben (Seite 25)

★ Nasjonalgalleriet
Die größte Kunstsammlung des Landes (Seite 26)

★ Nobels Fredssenter
Hier sind alle Friedensnobelpreisträger versammelt (Seite 28)

★ Det Kongelige Slott
Norwegens König residiert standesgemäß und mitten in der Stadt (Seite 29)

★ Akershus Festning og Slott
Uneinnehmbare Festung und Oslos Landmarke am Fjord (Seite 31)

★ Oslo Rådhus
Über Geschmack lässt sich streiten, aber imposant ist das Bauwerk (Seite 34)

★ Vigelandsparken
Weltberühmte Skulpturen, die zum Nachdenken anregen (Seite 38)

★ Operahuset
Ein norwegisches Bauwerk sorgt in der ganzen Welt für Aufsehen (Seite 44)

★ Henie-Onstad-Kunstsenter
Moderne Kunst im prachtvollen Ambiente am Fjord (Seite 46)

★ Holmenkollen
Das Mekka des nordischen Skisports in neuer Pracht (Seite 47)

literatur blieb Ibsen der Nobelpreis für Literatur versagt. Von 1895 bis zu seinem Tod 1906 wohnte Henrik Ibsen in der Nähe des Schlosses. In dieser Wohnung ist heute ein Literaturmu-

Nationaltheater und Dichterfürst Bjørnson

seum eingerichtet, das Leben und Wirken des großen Dichters illustriert. *Mitte Mai–Mitte Sept. Di–So 11–18, Mitte Sept.–Mitte Mai Di–So 11–16, Do 11–18 Uhr | Führung jede volle Stunde | 85 NOK | Ibsengate 26 | www.norskfolkemuseum.no/ibsenmuseet | Straßenbahn 19: Slottsparken*

3 KARL JOHAN [111 E–F1]

Jeder Norweger kennt Karl Johan, und fast jede Reisebroschüre nennt die berühmteste Straße des Landes eine „Prachtstraße". Der Superlativ ist jedoch mit Vorsicht zu genießen. Die Fußgängerzone vom Hauptbahnhof bis zum Parlament Stortinget ist geprägt von wenig attraktiven Geschäften, von Straßenverkäufern, Bettlern und Drogenabhängigen. Erst am Grand Hotel öffnet sich der großzügig angelegte Boulevard, Besucher schlendern am Park zur Linken und der prachtvollen Aula der Universität zur Rechten vorbei, bestaunen die Fassade des Nationaltheaters und haben das alles überragende Schloss vor sich, an dessen Treppen Karl Johan endet. Der Blick vom *Schlossplatz* zurück auf Karl Johan ist dann wirklich atemberaubend.

4 NASJONALGALLERIET ★ [106 A5]

1882 konnte die Nasjonalgalleriet an der Universitetsgate ihr erstes eigenes Haus beziehen, das heute die umfassendste öffentliche Kunstsammlung Norwegens beherbergt. Ein Schwerpunkt der Gemäldegalerie ist die norwegische Nationalromantik mit Werken von Johan Christian Dahl, Adolph Tidemand, Hans Fredrik Gude und August Cappelen. Die große Sammlung mit Werken Edvard Munchs ist nach Meinung vieler sogar noch besser als die Ausstellung im Munchmuseum. Für alle Kunstinteressierten gehört dieses Museum zum Pflichtprogramm. Zu beachten ist, dass alle nach 1945 entstandenen Werke nicht in der Nasjonalgalleriet, sondern im Museum für zeitgenössische Kunst gezeigt werden. *Di, Mi, Fr 10–18, Do 10–19, Sa/So 11–17 Uhr | Eintritt frei | Universitetsgate 13 |*

SEHENSWERTES

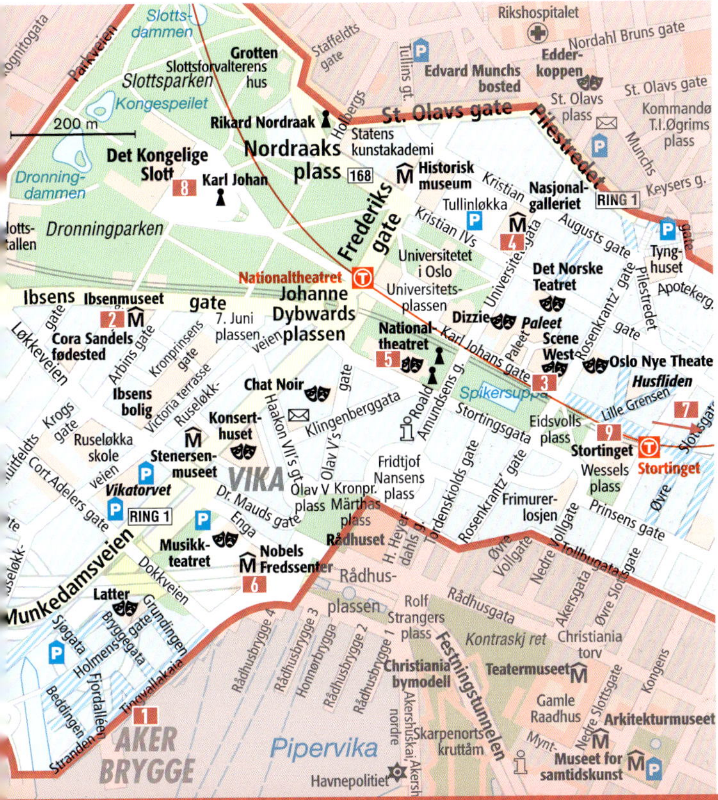

SEHENSWERTES IN DER STADTMITTE

1 Aker Brygge
2 Ibsenmuseet
3 Karl Johan
4 Nasjonalgalleriet
5 Nationaltheatret
6 Nobels Fredssenter
7 Oslo Domkirke
8 Det Kongelige Slott
9 Stortinget (Parlament)

www.nasjonalmuseet.no | Straßenbahn 11, 17, 18: Tullinløkka

5 NATIONALTHEATRET [111 E1]

Mit Backsteinen und norwegischem Granit gestaltete der Architekt Henrik Bull das Nationaltheatret, das den Platz Studenterlunden nach Westen hin abschließt. Norwegens Nationalbühne – damals noch in privater Hand – wurde 1899 mit „Ein Volksfeind“ von Henrik Ibsen eröffnet. Der Autor selbst saß bei der Premiere in der ersten Reihe. Vor dem Gebäude stehen die Skulpturen der beiden norwegischen Dichterkönige Bjørnstjerne

Bjørnson und Henrik Ibsen, die zur Eröffnung enthüllt wurden. *Johanne Dybwads plass 1 | Bus 30, 31, 32, 54, 70, 74, Straßenbahn 13, 19: Nationaltheatret*

Nobelpreises nicht in Stockholm, sondern jährlich Anfang Oktober im Osloer Nobel-Institut bekanntgegeben wird. Die Verleihung findet im Dezember im Osloer Rathaus statt. Im Nobel-Friedenszentrum im prachtvoll restaurierten ehemaligen Westbahnhof können sich Besucher dank moderner Medientechnik spielerisch über Alfred Nobel, den Friedenspreis und seine Träger informieren. Dem aktuellen Preisträger ist jeweils eine Sonderausstellung gewidmet. Alle bisher Ausgezeichneten sind in einem „elektronischen Garten“ versammelt. Und ein „magisches Buch“ macht mit dem Leben Alfred Nobels vertraut. *Di–So 10–18 Uhr | 80 NOK | Brynjulf Bulls plass 1 | Rådhusplassen | www.nobelsfredssenter.no | Straßenbahn 12: Rådhusplassen*

Wie sieht eigentlich Frieden aus? In Nobels Fredssenter gibt es eine Menge Ideen dazu

6 NOBELS FREDSSENTER ★ [111 E2]
Nicht in Schweden, sondern in Oslo sollte der Friedensnobelpreis verliehen werden. So entschied es der Schwede Alfred Nobel in seinem Testament. Warum, ist nicht eindeutig geklärt: Vielleicht traute Nobel den eigenen schwedischen Politikern nicht und hielt das norwegische Parlament für moderner. Oder er tat es, um seiner Bewunderung für den norwegischen Dichter Bjørnstjerne Bjørnson Ausdruck zu verleihen. Sicher ist jedenfalls, dass es die Schweden ärgert, dass der Träger des wichtigsten und medienwirksamsten

7 OSLO DOMKIRKE [112 B1–2]

In dem im Barockstil erbauten und 1697 geweihten Osloer Dom wurden 2001 Kronprinz Haakon Magnus und Kronprinzessin Mette-Marit getraut. Als protestantische Hauptkirche der Stadt ist sie zugleich Amtssitz des Osloer Bischofs. Seit 2006 unterzieht man Kircheninneres und Gemäuer einer umfassenden Sanierung, die bei Redaktionsschluss noch nicht abgeschlossen war. *Karl Johans gate 11 | Straßenbahn 11, 17, 18, Bus 37: Stortorvet*

8 DET KONGELIGE SLOTT ★ [105 E 4–5]

Seit König Harald V. das Gut Skaugum seinem Sohn Haakon überlassen hat, ist er mit Königin Sonja wieder öfter daheim in Oslo – dann weht die Fahne über dem Schloss.

Der Architekt Hans Ditlev Franciscus von Linstow entwarf das Gebäude im neoklassizistischen Stil, das 1848 fertig war. Nach der Auflösung der Union mit Schweden 1905 avancierte es zum festen Königssitz, als König Haakon VII. hier einzog. Ein großer, der Öffentlichkeit zugänglicher Park umgibt das Schloss. Besonders schön ist der Teil *Dronningsparken,* der Park der Königin, hinter dem Schloss. Den Eingang markiert eine Statue von Dronning Maud (1869–1938), erste Königin des selbstständigen Norwegen. Vor dem Schloss steht die Statue des schwedischen Königs Karl Johan, der vom Hügel aus auf seine Straße, die Karl Johans gate, hinunterblickt.

Am 17. Mai, dem norwegischen Nationalfeiertag, stehen die Mitglieder der Königsfamilie auf dem Schlossbalkon und winken dem vorbeiziehenden Kinderumzug zu.

Das Schloss wird von der königlichen Leibgarde bewacht und ist nur

> ENTSPANNEN & GENIESSEN

Schwimmen im Fjord – zum Aperitif

An richtig warmen Sommertagen lassen so manche Osloer Arbeit Arbeit sein und fahren mit der Fähre, dem Auto oder dem Bus nach Bygdøy und nach Huk, Oslos bekanntestem Badestrand. Segelschiffe dümpeln im glitzernden Fjord, die kahlen Felsen heizen sich in der Sonne auf, und das über 20 Grad warme Wasser bietet die rechte Erfrischung. Wiesen und Sandstrand sind gut besucht, doch trotz seiner Beliebtheit kommt auf Hukodden nie Hektik auf. Alle genießen in Ruhe das leicht salzige Fjordwasser, die laue Brise vom Meer her und den Blick auf den Oslofjord. Knurrt der Magen, wird gegrillt. Nah am Strand gibt es feste Grillstellen (Grillkohle am Kiosk), Tische und Bänke. Da zieht sich der Urlaubstag gern bis weit in den hellen Sommerabend hinein. Mancher Huk-Besucher tauscht irgendwann Badehose gegen Shorts und greift rechtzeitig zum Sonnenuntergang zu kulinarischen Sternen. Das Menü des Restaurants *Hukodden* am äußersten Punkt von Huk ist erstklassig, das Fjordpanorama im Abendlicht perfekter Abschluss eines Osloer Urlaubstags *(Mo–Sa 17–22, So ab 12 Uhr, je nach Wetter | Tel. 67 10 99 70 | Strømsborgveien 46 | www.sult.no/hukodden | €€–€€€). Bus 30 fährt z. B. ab Haltestelle Nationaltheatret direkt nach Huk*

im Sommer für Führungen geöffnet. Das ganze Jahr über findet täglich um 13.30 Uhr eine sehenswerte Wachablösung statt, im Sommer wird sie manchmal durch einen musikalisch begleiteten Aufmarsch ergänzt. *20. Juni–16. Aug. Schlossführungen in englischer Sprache jeweils Mo–Do, Sa 12, 14 und 17, Fr/So 14, 14.20 und 16 Uhr (Anmeldung dringend empfohlen!) | 95 NOK | www.kongehuset.no | Bus 30, 31, 32, 54, 70, 74, Straßenbahn 13, 19: Nationaltheatret*

Insider Tipp

9 STORTINGET (PARLAMENT) [112 A1]

„All makt i denne salen" – „alle Macht in diesen Saal" – skandierte der liberale Politiker Johan Sverdrup 1884 im Stortinget, dem Parlament. Die norwegischen Politiker hatten gerade für den Parlamentarismus gestimmt, dem schwedischen Unionskönig Oscar II. die Macht entrissen und diese ans Stortinget übertragen.

Dabei war es mit Oscar I. ein anderer schwedischer König gewesen, der den Auftrag für den Bau des Stortinget erteilt hatte. 1866 konnten die norwegischen Politiker erstmals im mattgelben Backsteingebäude am Karl Johan tagen.

Weil zwei Löwenskulpturen des Künstlers Christopher Borch die Auffahrt zum Eingang säumen, wird das Stortinget im Volksmund auch *løvebakken* (Löwenhügel) genannt. Nicht Borch selbst, sondern ein zum Tode verurteilter Sträfling haute die Löwen in Granit. Als Dank für seine Arbeit wurde er begnadigt. *Juni–Aug. Führungen in Englisch Mo–Fr 10, 11.30 und 13 Uhr | 80 NOK | Karl Johans gate 22 | www.stortinget.no | T-Bahn 2, 3, 4, 5, 6: Stortinget*

KVADRATUREN

> Kvadraturen ist Oslos „alte, neue Stadt". Im Stadtteil zwischen der Festung Akershus und dem heutigen Zentrum um die Karl Johans gate liegen Geschichte, Architektur und Kunstgenuss dicht beieinander. 1624 brannte das alte Oslo nieder. König Christian IV. ließ danach das neue Zentrum auf der anderen Seite der Bucht Bjørvika aufbauen. Im Windschatten der mächtigen Festung Akershus wuchs die neue Stadt heran – im Geist der Renaissance streng viereckig angelegt. Daher der Name *Kvadraturen,* daher die Straßenschluchten mit ihrer manchmal etwas wuchtigen Bebauung. Auch nachdem sich das Zentrum immer weiter nach Westen verlagert hat – Kvadraturen bleibt Oslos historischer Mittelpunkt. Das Viertel überrascht nicht nur mit dem quadratischen Straßenmuster, sondern auch mit vielen historischen Bauten. In der Rådhusgate sind noch einige Häuser

aus der Gründungszeit von Kvadraturen zu sehen, ansonsten dominieren herrschaftliche Fassaden aus dem 19. Jh. den kompakten Stadtteil. Am Tag ist Kvadraturen ein attraktives Museumsviertel, für einen spätabendlichen Bummel aber ist es hier zu dunkel und verlassen.

1 AKERSHUS FESTNING OG SLOTT ★ [111 E3]

Neun ernste Angriffe überstand die Festung Akershus seit dem Mittelalter: Weder Schweden noch Dänen gelang es, dieses Bollwerk auf der Landzunge über dem Oslofjord einzunehmen. Im Mittelalter war Akershus zunächst Königsburg, die Christian IV. (1588–1648) um ein Renaissanceschloss und eine massive Befestigungsanlage erweitern ließ. Die Wälle und Mauern umschließen ein Gelände von etwa 350 m Länge und 100 m Breite. Der Norden der inneren Festungsanlage wird durch das *Høymagasinet (Ausstellung historischer Stadtmodelle | Juni–Aug. Di–So 10 bis 15 Uhr)* markiert. Am südlichen Ende liegt *Munketårnet,* der Mönchsturm, der den Eingang kennzeichnet und früher einmal Pulverturm war.

Auf dem Festungsgelände stehen das *Akershus Slott,* das in den Sommermonaten zu besichtigen ist, und das *Hjemmefrontmuseet.* Im Südflügel des Schlosses befinden sich der Christian-IV.-Saal, Repräsentationssaal der norwegischen Regierung, und die Kapelle. Im Anbau des Mausoleums ruhen die Könige Haakon VII. und Olav V., Königin Maud und Kronprinzessin Märtha. *Schloss und Mausoleum Mai–Aug. Mo–Sa 10–16, So 12.30–16 Uhr | Führungen in Englisch Do 13 Uhr | 65 NOK | Straßenbahn 12: Christiania Torv*

Das *Hjemmefrontmuseum,* das den norwegischen Widerstand während des Zweiten Weltkriegs dokumentiert, liegt zwischen Schloss und Høymagasinet. Die Ausstellung befindet sich größtenteils in unterirdi-

Die Löwen vor dem Stortinget, Norwegens Parlament, retteten ihrem Schöpfer das Leben

schen Gewölben. *Juni–Aug. Mo–Sa 10–17, So 11–17 Uhr | 50 NOK | www.mil.no/felles/nhm/start/deutsch*

Gleich hinter dem Museum erhebt sich der ★ Schutzwall, der kleine Anstieg dorthin ist ein absolutes Muss. Der Blick auf den Osloer Hafen und hinüber zu Aker Brygge begeistert zu jeder Jahreszeit; der ganze innere Oslofjord liegt Ihnen hier zu Füßen. Angrenzend an die Festung befinden sich Kaserne, Lager und Stallungen. Die sorgsam restaurierten Gebäude werden heute unter anderem vom norwegischen Umwelt- und Verteidigungsministerium sowie von der berittenen Osloer Polizei genutzt. Im ehemaligen Arsenalgebäude ist das *Forsvarsmuseet* untergebracht. Das Museum illustriert die norwegische Militärgeschichte von der Wikingerzeit bis heute. *Mai–Aug. Mo–Fr 10–17, Sa/So 11–17, Sept. bis April Mo–Fr 11–16, Sa/So 11–17 Uhr | Eintritt frei | www.fmu.mil.no*

2 ARKITEKTURMUSEET [111 F3] Insider Tipp

Gleich neben dem Museum für Gegenwartskunst, im ersten Osloer Zentralbankgebäude von 1830, gibt es einen Querschnitt durch drei Epochen norwegischer Architektur. 1911 bekam das Haus ein Magazin dazu; den Zwischenraum nutzte der norwegische Architekt Sverre Fehn 2008 für einen Pavillon aus Beton und Glas. Dieser Stilbruch sorgt in norwegischen Architekturkreisen, aber auch bei Besuchern für kontroverse Debatten. *Di, Mi, Fr 11–17, Do 11–19, Sa/So 12–17 Uhr | Eintritt frei | Bankplassen 3 | www.nasjonalmuseet.no | Bus 60: Bankplassen*

3 ASTRUP-FEARNLEY-MUSEET FOR MODERNE KUNST [112 A3]

Das Astrup-Fearnley-Haus beherbergt das gleichnamige Museum für moderne Kunst, das vom Finanzmann Hans Rasmus Astrup gestiftet und 1993 eröffnet wurde. Es verfügt über eine

Urnorwegisch das Material, modern die Kunst: Holzarbeiten im Astrup-Fearnley-Haus

SEHENSWERTES IN KVADRATUREN

1 Akershus Festning og Slott
2 Arkitekturmuseet
3 Astrup-Fearnley-Museet
4 Christiania Torv
5 Museet for Samtidskunst
6 Oslo Rådhus

ansehnliche Sammlung bedeutender norwegischer und internationaler moderner Kunst. Weltweit Aufsehen erregte das Museum, als es die Skulptur „Michael Jackson and Bubble“ des US-Amerikaners Jeff Koons für den festen Bestand erwarb. *Di–Fr 11–17, Do 11–19, Sa/So 12–17 Uhr | Eintritt frei | Dronningens gate 4 | www.afmuseet.no | Bus 60: Bankplassen*

4 CHRISTIANIA TORV [111 F2]

Es ist, als ob man sich in einem hübsch tapezierten Wohnzimmer befindet. Niedrige historische, aber auch moderne Häuser umrahmen das pittoreske Plätzchen Christiania torv, das einen spannenden Kontrast zu den Straßenschluchten von Kvadraturen bildet. Die Hektik der Stadt scheint weit entfernt, und es ist schwer zu glauben, dass hier einmal das Herz des alten Oslo schlug, fleißig am Markt gehandelt wurde und sogar Hinrichtungen stattfanden.

Auf dem Platz mit Blickrichtung Osten stehend, sehen Sie gleich zwei historische Gebäude: Der Ursprung des Fachwerkhauses *Rådmannsgården* auf der linken Seite geht auf 1626 zurück, es ist das älteste Haus des einstigen Christiania, in dem schon das Spital der Garnison und die Universitätsbibliothek untergebracht waren. Mitten auf dem Platz steht eine Skulptur der norwegischen Künstlerin Wenche Guldbrandsen – die Hand des Stadtgründers Christian IV. Die eigentliche Statue des Begründers von Kvadraturen steht merkwürdigerweise und historisch falsch auf *Stortorvet,* dem Großmarkt von Oslo.

Rüstiger Senior: Haus Rådmannsgården

Auf der rechten Seite der Rådhusgate steht *Gamle Rådhus,* Christianias erstes Rathaus. Zwischen 1641 und 1733 wurden von hier aus die Geschicke der Stadt gelenkt. Nach einem Brand 1996 wurde das Restaurant *Det Gamle Raadhus* im alten Stil wieder aufgebaut, außerdem sind dort das Theatermuseum und ein stadtgeschichtliches Museum zu Hause. *Juni–Aug. Di–So 11–16, Sept.–Mai Di–Fr 11–16 Uhr | Eintritt frei | www.oslomuseum.no | Straßenbahn 12: Christiania torv*

Insider Tipp

5 MUSEET FOR SAMTIDSKUNST [111 F3]

In der ehemaligen Zentralbank hat zeitgenössische Kunst Schalter und Geldschränke verdrängt. Das in Marmor und norwegischem Granit gehaltene Gebäude von 1907 beherbergt 4700 Werke zumeist norwegischer Künstler. Bemerkenswert ist die thematische Breite der Wechselausstellungen: vom eher traditionellen Gemälde über Videoinstallationen bis zu Kunstfilmen und Versuchen in Klangkunst. Zu den festen Installationen gehören „Innerer Raum V" des norwegischen Künstlers Per Inge Bjørlo und der „Müllmann" des Russen Ilya Kabakov. *Di, Mi, Fr 11–17, Do 11–19, Sa/So 12–17 Uhr | Eintritt frei | Bankplassen 4 | www.nasjonalmuseet.no | Bus 60: Bankplassen*

6 OSLO RÅDHUS ★ [111 E2]

In den 1920er- und 1930er-Jahren wurden die Hausbesitzer im Osloer Hafenviertel Pipervika enteignet, die

Häuser abgerissen: Der Platz wurde für das monumentale, von den Architekten Arnstein Arneberg und Magnus Poulsson entworfene Rathaus gebraucht. 1931 legte man den Grundstein, endgültig fertig war das Rathaus jedoch erst 1950. Nicht alle Osloer sind vom komplett in rotbraunem Backstein gebauten Gebäude mit den beiden massigen, quadratischen, über 60 m hohen Türmen begeistert. Mehr oder weniger liebevoll bezeichnen sie es als *geitost* – wie der typisch norwegische braune Ziegenkäse, der in eckigen Klumpen verkauft wird. Seit vor einigen Jahren der Verkehr in den Untergrund verbannt wurde, ist der Sitz der Osloer Stadtregierung endlich eine weithin sichtbare Landmarke als Tor zur Welt. Im Uhrenturm bilden 49 Glocken Nordeuropas größtes Glockenspiel. Jeden Mittwoch um 13 Uhr ist ein Miniglockenkonzert zu hören.

Das Innere des Rathauses ist ein kleines Kunstmuseum. Die Halle schmückten Henrik Sørensen und Alf Rolfsen aus. Aber auch Künstler wie Per Krogh, Dyre Vaa und sogar Edvard Munch (Munchsaal) haben mitgestaltet. Einmal im Jahr steht das Rathaus im Blickpunkt der Weltöffentlichkeit: Immer am 10. Dezember wird im großen Saal der Friedensnobelpreis überreicht. *Tgl. 9–18 Uhr, Führungen Mo, Mi 10, 12, 14 Uhr | Eintritt frei | Rådhusplassen 1 | Straßenbahn 12: Rådhusplassen*

FROGNER

> Der Stadtteil zwischen Schloss und Frognerpark ist das Osloer Bürgerviertel. Die Straßen um den U-Bahnhof Majorstuen säumen Häuserzeilen aus dem späten 19. und frühen 20. Jh. Viele der etwas von der Straße zurückliegenden Stadtvillen beherbergen diplomatische Vertretungen. Frogner wirkt zwar gesetzt, ist aber doch immer trendy. Es gibt viel Grün, Platz für Kinder und gute Nachbarschaft. Prachtvolle Villen, umgeben von kleineren Parks, in anderen Straßen wieder dicht an dicht stehende Mietshäuser – Stadthöfe genannt –, mit und ohne Erker, sind eine Augenweide für Architekturinteressierte. Und in Frogner liegen die bekanntesten und schönsten Volksparks der Stadt. Der

>LOW BUDGET

- > *Oslos Inselwelt für wenig Geld:* Eine Tageskarte der städtischen Verkehrsbetriebe *Ruter* kostet 65 NOK, berechtigt zu 24 Stunden freier Fahrt und zur Nutzung der Passagierschiffe, die vom Anleger Vippetangen [111 F4] aus die vorgelagerten Inseln der Stadt anlaufen. Sie wird an allen Haltestellen, an Narvesen-, 7-Eleven-, Mix- und Deli-de-Luca-Kiosken verkauft.
- > Eine der schönsten Aussichten auf Oslo ist gratis. Die atemberaubende Fahrt im gläsernen Fahrstuhl zur *34 Skybar* im 34. Stock des Plaza Hotels [112 C1] ist allerdings nichts für Menschen mit Höhenangst.
- > Oslos Straßen lassen sich gut und gratis mit dem Fahrrad erkunden. An zentralen Punkten der Stadt stehen die Ständer mit den werbefinanzierten *bysykkel* (Stadträder). Die Karte, die die Räder vom Fahrradständer löst, können Sie sich bei den Touristinformationen im Trafikanten oder im Rathaus ausleihen.

SEHENSWERTES IN FROGNER

1 Frognerparken
2 Homansbyen
3 Oslo Bymuseum
4 Vigelandmuseet
5 Vigelandsparken

schönste Teil des Viertels ist ohne Zweifel das Gebiet zwischen Frognerveien und Gyldenløves gate. Beide Straßen führen zum Frognerpark hinauf.

1 FROGNERPARKEN [104 A–B 1–2]

Das Schmuckstück unter Oslos Parks ist zugleich die meistbesuchte Sehenswürdigkeit der Hauptstadt. Weil der weltberühmte Vigelandspark *(siehe dort)* im südlichen Zipfel des Parks liegt und den meisten Besuchern ein paar Bilder von den monumentalen Vigeland-Skulpturen wichtig sind, versäumen sie es, in dem wunderschönen, romantischen Landschaftspark einen ausgiebigen Bummel zu machen. 3000 Bäume, darunter exotische Arten wie Magnolien-, Ginkgo- und Mammutbäume, säumen die Spazierwege. Norwegens größter Rosengarten mit 150 Arten und rund 14 000 Pflanzen gehört ebenfalls zum Frognerpark.

Dass die Osloer besonders am Wochenende zum Frognerpark pilgern, einen Picknickkorb mitbringen und bis zum Abend dort sitzen, hat auch mit den langen Traditionen des Schwimmbads und des Stadions im Park zu tun. Schon 1901 wurde eine Eislaufbahn angelegt, und von 1909 bis in die 1930er-Jahre fanden hier zahlreiche Weltmeisterschaften statt. Im *Frogner Stadion* spielte Norwegens Fußballmannschaft ihr erstes Länderspiel – 1910 gegen Schweden. Das Mitte der 1950er-Jahre eröffnete Freibad *Frognerbadet* am Nordrand des Parks ist nach wie vor beliebt *(Mo–Fr 7–19.30, Sa/So 10–18 Uhr | 73 NOK).* Auf den 3 ha Grünflächen des Parks tummeln sich an warmen Sommertagen bis zu 4000 Gäste, beim alljährlichen Rockfestival *Norwegian Wood* mindestens fünfmal so viel. *Ganzjährig rund um die Uhr geöffnet | Bus 20, Straßenbahn 12: Vigelandsparken oder Frogner stadion, T-Bahn: Majorstuen*

2 HOMANSBYEN [105 E3] Insider Tipp

Zwischen Uranienborgveien im Süden und Pilestredet im Norden wuchs in der zweiten Hälfte des 19. Jhs. Nordeuropas erste „Villenstadt" heran – heute eine architektonische Perle. Inspiriert von englischen Stadtvillen, ließen die Gebrüder Homan entlang der Straßen *Oscars gate, Josefines gate* und *Gustavs gate* ab 1858 großzügige Häuser bauen, die die wachsende Beamtenschaft Oslos anlocken sollten. Fabriken, Kleinbetriebe und Restaurants wurden von Anfang an ausgeschlossen, hier stand der Rückzug ins Private im Vordergrund. Zu den schönsten Beispielen dieser buchstäblich reichen Architektur, die man leider nur von außen bestaunen kann, gehören das Haus *Josefines gate 13,* 1860 im französisch-gotischen Château-Stil mit Türmen und schmuckvollen Dachfassaden gebaut,

Bildschön bürgerlich: Häuserfassaden im feinen Stadtteil Frogner

und das im Südwesten von Homansbyen auf einer Anhöhe liegende *Uranienborgslott,* eine Villa im Neorenaissancestil mit Turm und Kuppel. *Straßenbahn 11: Homansbyen*

3 OSLO BYMUSEUM [104 B2–3]
Wunderschön eingebettet in den stilleren Teil des Frognerparks liegt der prachtvolle Herrenhof nach dänischem Vorbild, der seine Gestalt mit eher unnorwegischem Fachwerk Ende des 18. Jhs. bekam. Die Ausstellungen im heutigen Stadtmuseum behandeln Oslos Geschichte vom Mittelalter bis heute. Schönster Raum im ersten Stock des Haupthauses ist der Ballsaal des Kammerherrn Bernt Anker, der bei der umfangreichen Renovierung nach 1790 eingerichtet wurde. Die Wände der oberen Räume schmücken Gemälde mit Osloer Landschaften aus dem 19. Jh. *Di–So 11–16 Uhr | Eintritt frei | Frognerveien 67 | www.oslobymuseum.no | Bus 20, Straßenbahn 12: Frogner plass*

4 VIGELANDMUSEET [104 A3]
Der Vigelandspark ist das Werk, das Vigelandmuseum der Arbeitsplatz. Die Räume in der neoklassizistischen Villa nur fünf Spazierminuten vom Park entfernt waren Gustav Vigelands Werkstätten. Zwischen 1924 und 1943 wohnte und arbeitete er hier und hinterließ der Nachwelt rund 1600 Skulpturen, 12 000 Zeichnungen und 300 Holzschnitte. Die Urne des Künstlers befindet sich im Turm des Museums, drei der insgesamt 14 Säle sind wechselnden Ausstellungen auch anderer Künstler vorbehalten. *Juni–Aug. Di–So 10–17, Sept.–Mai 12–16 Uhr | April–Sept. 45 NOK, Okt.–März Eintritt frei | Nobelsgate 32 | www.vigeland.museum.no | Bus 20, Straßenbahn 12: Frogner plass*

5 VIGELANDSPARKEN ★ [104 A 1–2]
Jedes Jahr locken die 212 aus Bronze, Granit und Schmiedeeisen geschaffenen Skulpturen des Bildhauers Gustav Vigeland (1869–1943) mehr als 1 Mio. Besucher an. Die bekannteste Skulpturensammlung Nordeuropas wurde nach Plänen des Künstlers entlang einer 850 m langen Achse im Frognerparken angelegt. Vigeland gruppierte seine Arbeiten in fünf Einheiten: das Haupttor, die Brücke mit dem Kinderplatz, an dem auch die

> BLOGS & PODCASTS

Gute Tagebücher und Files im Internet

> *www.expat-blog.com/en/directory/europe/norway/oslo/* – Wie es sich als Ausländer in Oslo lebt und arbeitet, ist hier zu lesen. Leider gibt es bisher keine deutschen Stimmen auf diesem internationalen Blog.

> *www.norwegen.de/blog/* – Von der Oper bis zum Cider: Norwegens Kultur und Traditionen widmet sich der informative und gut geschriebene Blog. Natürlich gehören auch Geschichten aus Oslo dazu.

Für den Inhalt der Blogs & Podcasts übernimmt die MARCO POLO Redaktion keine Verantwortung.

berühmte Skulptur „sinnataggen" (der kleine wütende Junge) steht, die Fontäne, das erhöhte Plateau mit dem „Monolithen" und schließlich das „Lebensrad". Besonders die Bedeutung des 17 m hohen Monolithen mit seinen 121 aus einem Stein Abgemeißelten Figuren gibt den Kunsthistorikern Rätsel auf: Ist es das Streben nach Höherem? Die Vision von einer Auferstehung? Oder nur der Ausdruck der Zusammengehörigkeit von Menschen? Vigeland hatte das Kunstwerk in den Jahren 1924–1925 entworfen, für die Fertigstellung brauchten drei Steinmetze insgesamt 14 Jahre.

Wenn Sie bei schönem Sommerwetter die Muße zu einem abendlichen Bummel im Vigelandspark haben, gehen Sie zum Monolithen hinauf und blicken nach Osten (!) in den Sonnenuntergang. Insider Tipp Bis zu den Häusern an den Osthängen der Stadt schweift der Blick, wo sich das tiefrote Abendlicht spiegelt und auf die Dächer der Hauptstadt zurückgeworfen wird. Ein traumhaft schöner Abschluss eines Urlaubstags in Oslo. *Ganzjährig rund um die Uhr geöffnet | Eintritt frei | www.vigeland.museum.no | Straßenbahn 12: Vigelandsparken oder Frogner stadion, T-Bahn 1–6: Majorstuen*

Mit Geduld und Spucke: 14 Jahre arbeiteten die Steinmetze an Gustav Vigelands Monolithen hinten

OSTEN

> In Gamlebyen, der Altstadt, liegt die Wiege der Stadt Oslo. Erst mit dem Aufbau des Stadtviertels Kvadraturen nach 1624 verschob sich der Mittelpunkt der Stadt von Osten nach Westen. Die

OSTEN

SEHENSWERTES IM OSTEN

1 Gamlebyen
2 Grønland
3 Grünerløkka
4 Munchmuseet
5 Naturhistorisk Museum
6 Operahuset

Gebiete östlich von Akerselva blieben als Arbeiter- und Industriegebiete zurück und bildeten den Hinterhof der Hauptstadt mit großen sozialen Problemen. Das hat sich in den vergangenen Jahren geändert. Oslos Osten gewinnt an Attraktivität, neue Architektur lockt vor allem junge Menschen an. Stadtteile wie Grünerløkka haben ihren Mief abgestreift. Sie sind trendy und strotzen vor Vitalität, Lebensqualität und Kultur.

Oslos neuer Stolz, das Opernhaus, steht denn auch ganz bewusst nicht im bürgerlichen Westen der Stadt, sondern in der Bucht Bjørvika – im Osten. Ist der Verkehr erst einmal in

Tunnel und unter den Fjord verbannt, wird das weiße Opernhaus das Herzstück einer Stadtentwicklung zurück gen Osten sein.

1 GAMLEBYEN [112 E3–4]

Wie zu einem italienischen Küstenstädtchen schlängelt sich die Straße am Hang hinauf nach *Gamlebyen,* der „alten Stadt" und Oslos historischem Stadtkern. Bis zu fünfstöckige Stadthöfe prägen auch dieses Viertel, aber es gibt reichlich Platz und viel historische Bebauung. Junge Leute wohnen gern hier, viele Einwanderer haben sich in Gamlebyen niedergelassen. Der *Sultan Grill* und das traditionsreiche Restaurant *Oslo Spiseforetning* servieren ihre Gerichte Wand an Wand, ein schöner Ausdruck für das Nebeneinander der verschiedenen Kulturen in diesem Stadtviertel.

Vom Jahr 1000 bis zum großen Brand 1624 war Gamlebyen das eigentliche Oslo. Es lag zwischen der Bucht von Bjørvika und Grønland und streckte sich noch ein Stückchen den Hügel von Ekeberg hinauf. Obwohl dieses mittelalterliche Oslo nur 600 m lang war und gerade mal 3000 Einwohner zählte, war es ein bedeutendes Machtzentrum. Hier wurde gehandelt, hier hatten König und Bischof mit sechs Kirchen und drei Klöstern ihren Sitz. Die Überreste jenes geistigen und weltlichen Machtzentrums sind bis heute zu sehen. Beim heutigen Bischofssitz am St. Halvards plass 3 *(Straßenbahn 18, 19, Bus 70: St. Halvards plass)* können Sie im *Minneparken* (Insider Tipp) die Ruinen der Hallvardskathedrale, des Olavsklosters und der Kreuzkirche besichtigen. Die Kathedrale wurde

Im Osten was Neues: Die Oper wurde ganz bewusst nicht in Oslos bürgerlichem Westen gebaut

um 1100 im romanischen Stil gebaut und war nach dem Nidarosdom in Trondheim Norwegens größte Kirche. Der Bischofssitz entstand auf den Ruinen des Olavsklosters.

Ein kleiner Spaziergang Richtung Fjord führt zum *Middelalderparken,*

Auf den Straßen von Grønland

eingeklemmt zwischen Bahnlinie und Autobahn, dem einstigen Machtzentrum des Adels. Hier sehen Sie die Ruine der Mariakirche, Kirche und Grabstätte der mittelalterlichen Könige. Auch die Königsburg mit ihrer großen Festhalle lag hier am Fjord. *Vannspeilet,* der kleine, künstliche See, markiert, wo im Mittelalter das Fjordufer lag.

2 GRØNLAND ▶▶ [113 D1–2]

Plaudernd schieben die junge Frau im Tschador und die Punkermutti ihre Kinderwagen nebeneinander her. Im Hintergrund sind die Türme einer Moschee zu erkennen. Grønland, ein bisschen versteckt hinter dem Hauptbahnhof Oslo S, von Grünerløkka im Norden und Gamlebyen im Süden eingeschlossen, ist Oslos kultureller Schmelztiegel. Hier trifft nüchterne skandinavische Kultur auf viele fremde Einflüsse. Weil sich seit den 1960er-Jahren Einwanderer, vor allem aus Pakistan, hier niedergelassen haben, wird der Stadtteil auch „Little Karachi" genannt. Exotische Geschäfte, fremdländische Gerüche, unbekannte Sprachen – in Grønland ist die Welt zu Hause! Dazu gibt es hier noch viel typisch Norwegisches. Beispielsweise das *Asylet* gegenüber Grønland torg. 1740 als Handelshaus gebaut, diente es seitdem als Gericht und Krankenhaus, als Kinder- und als Altersheim. Heute ist es ein uriges Restaurant. Im *Basar* (Ecke Grønlandleiret/Tøyenbekken) werden Sie nicht gerade von einem Teppichhändler bedrängt, doch in dem orientalisch anmutenden Einkaufszentrum liegen das typisch norwegische *Vinmonopolet* und das *Thai House* gleich nebeneinander. In Grønland erleben Sie die spannende Symbiose der Kulturen. *T-Bahn 2, 3, 4, 5, 6: Grønland*

3 GRÜNERLØKKA ▶▶ [107 D2–4]

Als „beste Ostseite" wird der Stadtteil Grünerløkka gern bezeichnet. Mit der Stadterweiterung von 1858 entstanden östlich des Flüsschens Akerselva aus Brandschutzgründen Backsteinwohnhäuser, die die Ära des Holzbaus beendeten. Das Tempo, in dem das Stadtviertel wuchs, war dermaßen hoch, dass Grünerløkka damals auch als „Ny York" bezeichnet wurde.

In den 60er- und 70er-Jahren des vergangenen Jahrhunderts waren die für Grünerløkka typischen Stadtwohnhöfe, vier- bis fünfstöckige

Wohnkasernen, von denen einige zusammen einen Block mit Innenhof bilden, derart heruntergekommen, dass man das ganze Quartier abreißen und in modernem Stil wieder aufbauen wollte. Hausbesetzer verhinderten dies, und mehr und mehr junge Leute und Künstler zogen nach Grünerløkka. Heute ist das ehemalige Arbeiterquartier ein lebendiges Viertel für alle: Es ist in, mit Künstlern und Einwanderern in bunt gemischter Nachbarschaft zu wohnen. Und die wenigen Industriearbeiter, die es noch in Oslo gibt, wohnen auch weiterhin dort. Das Leben im Stadtteil pulsiert: Konzerte unter freiem Himmel, Ausstellungen oder Dokumentarkino – Kulturinteressierte finden in Grünerløkka immer ein Angebot und stets ein kleines Café gleich in der Nähe. In den Geschäften wird von norwegischen Designerkleidern über moderne Keramik bis zu exotischem Gemüse alles angeboten. Wer an einem Sommertag die Thorvald Meyers gate, Grünerløkkas Hauptstraße, entlangspaziert *(Straßenbahn 11, 12, 13: Olaf Ryes plass)*, genießt ein Straßenleben, das dem Treiben auf der Karl Johans gate in nichts nachsteht.

4 MUNCHMUSEET [107 F5]

Einer der berühmtesten Norweger überhaupt ist der Maler Edvard Munch (1863–1944). Munch, der auch ein umfassendes grafisches Werk hinterließ, gilt als einer der wichtigsten Wegbereiter des Expressionismus. Das Museum (1963) in Tøyen zwischen Grünerløkka und Gamlebyen birgt die größte Sammlung seiner Werke. Munch vermachte der Stadt Oslo 1100 Gemälde, 15 500 Grafiken und 4700 Zeichnungen.

Die umfassende Ausstellung verschafft einen ausgezeichneten Eindruck vom Leben und Wirken des

Das Beste vom Osten: Hausbesetzer bewahrten Grünerløkka vor der Abrissbirne – Gott sei Dank!

norwegischen Künstlers, dessen Werke „Der Schrei" oder „Mädchen auf der Brücke" weltberühmte Gemälde von unschätzbarem Wert sind. *Jun. bis Aug. tgl. 10–18, Sept.–Mai Di–Fr 10–16, Sa/So 11–17 Uhr | 75 NOK | Tøyengata 53 | www.munch.museum.no | T-Bahn 1–6: Tøyen*

So soll unsere Urahnin Ida ausgesehen haben

5 NATURHISTORISK MUSEUM [107 E–F4]

In der Fossilienabteilung dieses Museums ist Insider Tipp *Ida* zu Hause. Der erste nachgewiesene Primat der Geschichte lebte vor 47 Mio. Jahren und wurde 1983 als erstaunlich intaktes Fossil in Messel südlich von Frankfurt gefunden. Das Osloer Museum erwarb das Fundstück 2007 und präsentierte im Mai 2009 das Ergebnis einer Analyse des norwegischen Paläontologen Jörn Hurum. Danach soll Ida das fehlende Glied in der Entwicklung vom Tier zum Menschen sein.

Der *Botanische Garten* des Museums ist eine grüne Spazieroase. Besonders schön ist der *Duftgarten* (auch für Sehbehinderte und Rollstuhlfahrer angelegt) mit rund 90 verschiedenen Pflanzen. Norwegens Bergflora erleben Sie im *Fjellhagen,* dem Alpingarten. Im Miniaturgebirge mit Bächlein und Wasserfällen wachsen bis zu 1400 Bergpflanzen. *Museum Di–So 11–16 Uhr, Botanischer Garten Mitte März–Sept. Mo–Fr 7–21, Sa/So 10–21, Okt.–Mitte März Mo–Fr 7–17, Sa/So 10–17 Uhr | Eintritt Museum 50 NOK | Sarsgate 1 | beim Munchmuseum | T-Bahn 1–6: Tøyen, Bus 60: Tøyen kirken*

6 OPERAHUSET ★ [112 B–C3]

Oslos ganzer Stolz ist das 2008 eingeweihte Opernhaus direkt an der Bucht Bjørvika. Die Idee des Architekturbüros Snøhetta war es, das neue Haus wie einen Eisberg aus dem Oslofjord auftauchen zu lassen.

Ob Eisberg oder Marmorberg: Das in seiner Form äußerst ungewöhnliche Opernhaus lässt niemanden kalt. Snøhetta schuf in einer eher unwirtlichen Ecke des Osloer Hafens ein Monument modernen Designs und eine Landmarke von internationalem Ruf. Nicht nur Fachleute, die das Bauwerk mit Sydneys berühmter Oper vergleichen, begeistern sich für die kubische Form und die spannende Kombination aus weißem Stein und viel Glas.

Das neue Haus soll eine Oper buchstäblich zum Anfassen sein. Das schräge, zum Wasser abfallende Marmordach ist begehbar, und ein Spaziergang hinauf garantiert einen tollen Blick über Oslo und das Hafengelände. Die Osloer haben ihre Oper mit offenen Armen angenommen und inzwischen entdeckt, dass sie auf dem Dach sogar picknicken können. *Foyer Mo–Fr 10–23, Sa 11–23, So 12–22 Uhr, Führungen in Englisch Fr–So 14 Uhr, Billettschalter Mo–Fr 10–20, Sa 11–18 Uhr | von Oslo S über eine Fußgängerbrücke in 5 Min. zu erreichen | www.operaen.no*

Insider Tipp

ANDERE VIERTEL

ST. HANSHAUGEN [106 A–B 1–2]

Nordwestlich von Frogner, hinter dem berühmten Leichtathletikstadion Bislett, liegt das Viertel St. Hanshaugen. Auch hier bildet ein Park den Mittelpunkt. In den Jahren nach 1850 wurde der St.-Hanshaugen-Park im Stil eines englischen Landschaftsgartens angelegt, seit 1910 hat er seine heutige Form. Mittelpunkt der Anlage ist *tårnhuset,* das im Stil der Neorenaissance gebaute, 14 m hohe Turmhaus am höchsten Punkt des Parks, von dem aus Sie eine der besten Aussichten hinunter auf die Stadt und den Fjord haben.

Die große Zeit des St.-Hanshaugen-Parks begann 1890. Park und Restaurant waren im Sommer derart beliebt, dass der Stadtgärtner in den 1930er-Jahren beklagte, der ganze Park rieche nach Schweiß. Es gibt zwar nur noch selten Parkkonzerte, aber noch immer ist das *Mittsommernachtsfest* im St.-Hanshaugen-Park ein absolutes Highlight nicht nur für die Bewohner des Stadtteils. *Bus 21, 37, 46: St. Hanshaugen*

AUSSERHALB

EMANUEL-VIGELAND-MUSEUM [0]

Insider Tipp

Emanuel Vigeland (1875–1948), der jüngere Bruder des bekannteren Gustav Vigeland, ließ bereits 1926 ein Museum für seine Skulpturen und

> OSLOER LEIDENSCHAFTEN

Wenn 30 000 Fußballer alles geben

Beim größten Fußballturnier der Welt geht es nicht um Geld, sondern dort zählen für Aktive und Zuschauer auch weiterhin nur der Sport und der Spaß. Auf den Wiesen *Ekebergsletta* im Osten der Stadt treffen sich Anfang August 30 000 Jungen und Mädchen zwischen 10 und 19 Jahren aus rund 50 Nationen von allen Kontinenten, um beim *Norway Cup* um den Ball zu spielen *(www.norwaycup.no)*. Ein besonderes Erlebnis!

Norwegen ist die Wiege des Skisports und das Skistadion *Holmenkollen* das Mekka aller Langläufer, Biathleten und Skispringer. Wer zwischen Februar und März nach Oslo kommt, sollte unbedingt vorab unter *www.holmenkollen.com* nachschauen, ob nicht zumindest eine Kreismeisterschaft oder gar eine Weltcup-Veranstaltung ansteht, sich ein Ticket sichern und einmal im Leben Holmenkollen-Duft schnuppern.

Malereien bauen. Zu Beginn der 1940er-Jahre verwandelte der stark von der italienischen Renaissance beeinflusste Künstler das Museum in ein Mausoleum: *Tomba Emmanuelle* (Emanuels Grab). Sämtliche Fenster wurden zugemauert, das Fresko, das Wände und Decken bedeckt, nannte er *vita:* Mit der Schöpfung und dem Sündenfall als Motiv schuf Emanuel Vigeland Hunderte nackter Männer- und Frauenfiguren, die Erotik und menschliche Triebe symbolisieren. Die Wirkung verstärkt sich durch das spärliche Licht im Mausoleum, die Dramatik des Kunstwerks tritt nur ganz langsam hervor – ein Erlebnis! *15. Mai–15. Sept. nur So 12–17, 16. Sept.–14. Mai So 12–16 Uhr | Eintritt 30 NOK | Grimelundsveien 8 | T-Bahn 1: Slemdal*

HENIE-ONSTAD-KUNSTSENTER ★ [O]

Große Kunst am Fjord – im Henie-Onstad-Kunstzentrum, rund 15 km westlich von Oslo, kommen beeindruckende Architektur, Fjordlandschaft und ein bisschen Hollywoodglamour mit herausragender, europäischer moderner Kunst zusammen. Seinen Namen verdankt es dem norwegischen Eislauf- und Hollywoodstar der 1920er- und 1930er-Jahre, Sonja Henie. Die Kunstsammlung, die sie und ihr Mann, der Reeder Niels Onstad, aufgebaut hatten – in der Hauptsache moderne französische Werke –, bildete als Schenkung die Grundlage des Kunstzentrums.

Fächerartig öffnet sich der Bau der beiden Norweger Jon Eikvar und Sven Erik Engebretsen zum Fjord hin, ragt aus der Landzunge Høvikodden heraus. 1968 wurde die Kunsthalle mit 110 Werken aus der Henie-Sammlung eröffnet. Henie und ihr Mann sind auf dem Hügel oberhalb des Zentrums begraben. Auf 3000 m^2 Ausstellungsfläche werden Teile der Sammlung und wechselnde Ausstellungen bedeutender norwegischer

Groß im wahrsten Sinne des Wortes: die Kunst im Henie-Onstad-Kunstsenter

und internationaler Künstler präsentiert. Im Skulpturenpark ist Henry Moores „Knife Edge" eines der Hauptwerke. Vom Park aus empfiehlt sich eine kurze Spaziertour zunächst durch den Wald zum Fjordufer, wo Sie dem Ufer Richtung Oslo bis zum Veritas-Gebäude folgen. Von dort haben Sie einen schönen Blick auf die Halbinsel Fornebu, früher Standort des Osloer Flugplatzes. *Di–Fr 11–19, Sa/So 11–17 Uhr | Eintritt 80 NOK, Mi gratis | www.hok.no | Bus 151 vom Osloer ZOB alle 15 Min., Fahrt ca. 25 Min. Høvikodden*

HOLMENKOLLEN ★ [114 B5]
Wie ein riesiger Suppenlöffel sieht die nagelneue Skisprunganlage aus, die bei den Nordischen Skiweltmeisterschaften im Frühjahr 2011 ihre erste große internationale Meisterschaft erlebt. Mit futuristischem Outfit, mit angenehmer Großzügigkeit in der Gestaltung und herrlichem Blick über Oslo, den Sie am Fuß der Schanze schon ahnen können, der dann aber vom Turm aus gigantisch ist. Seit der Fertigstellung Anfang 2010 markiert eine der berühmtesten Skisprunganlagen der Welt wieder das Mekka des Nordischen Skisports *(Besucherzentrum Juni–Aug. tgl. 9–20, Mai und Sept. 10–17, Okt.–April 10–16 Uhr | Eintritt frei)*. Außer dem Skimuseum – in dem unter anderem Øvrebø-Skier aus dem 16. Jh. ausgestellt sind – und dem Skisimulator, einem gläsernen Fahrstuhl an der Außenwand des Schanzenturms, dem kleinen Café und der Aussichtsplattform 63 m über dem Boden ist das Sommertraining der Skispringer ein weiterer guter Grund, ein paar Stunden auf dem Holmenkollen zu verbringen. Versäumen Sie auch nicht, einen Spaziergang zur *Holmenkollen kapell* (Insider Tipp) zu machen. Die dunkel gebeizte Holzkirche wird von der Königsfamilie gern zu besonderen Anlässen genutzt. Der Blick von dort über Oslo und die Wälder von Nordmarka ist wunderschön. *T-Bahn 1: Holmenkollen*

MARKA [0]
Fragt man Osloer, was an ihrer Stadt am schönsten ist, kommt die Antwort spontan: Marka! Nordeuropas größtes Naherholungsgebiet ist Teil der Osloer Identität. Wie ein riesiger grüner Kranz legt es sich um den Stadtkessel, lädt im Sommer zu Wanderungen auf beschilderten Wegen durch endlose Wälder, im Winter auf perfekt präparierten Loipen ein. Allein das Loipennetz durch Marka ist 2600 km lang! Wer mag, kann tagelang wegbleiben und in einer der zahlreichen Hütten des norwegischen Wandervereins DNT eine Koje reservieren – und dennoch im Osloer Stadtgebiet übernachten. Die meisten Hütten werden bewirtschaftet, Sie bekommen eine warme Mahlzeit und ein ordentliches Wanderfrühstück. Wanderkarten gibt es im Buchhandel, nähere Auskünfte zu den Hütten finden Sie auf den deutschen Seiten von DNT *(www.turistforeningen.no)*. Den besten Einstieg in die Wälder von Marka haben Sie von *Holmenkollen* oder *Frognerseter* aus. Wer nur eine Joggingtour oder einen Ausflug mit den Kindern plant, kann sich von diesen beiden Haltestellen der T-Bahn 1 aus auch auf die Beschilderung entlang der Wanderwege verlassen.

> AUS MUTTERS KÜCHE ODER LIEBER BOCUSE D'OR?

Oslo bietet Hausgemachtes und Weltmeisterliches, aber wenig Klasse in der Mitte

> Einer, der es wissen sollte, spricht dem Osloer Essen glatt eine eigene Identität ab. Eyvind Hellstrøm, Norwegens erster, aber längst nicht mehr einziger Gewinner des Kochwettbewerbs Bocuse d'Or, ist der bekannteste Koch des Landes und sucht bisher erfolglos nach der wahren „Osloer Küche". Es gibt sie nicht, davon ist Hellstrøm überzeugt. Aber er wie die Besucher Oslos können sich sehr gut damit trösten, dass es mittlerweile eine ausgezeichnete internationale Küche gibt.

Bild: Dr. Kneipp's Vinbar

Natürlich schmecken die alten Hausrezepte wie *kjøttkaker* (Hackfleischklößchen) mit brauner Sauce oder *flesk og duppe,* gebratener Speck mit weißer Sauce und Kartoffeln. Sie sind noch am ehesten so etwas wie „Osloer Nationalgerichte" – sättigend und nicht zu teuer. Werden sie dann auch noch in einem Restaurant appetitlich angerichtet, ist man schon ganz nah dran am typischen Osloer Essen. Ein Fischgericht gehört natürlich auch

ESSEN & TRINKEN

dazu, aber *fersk torsk,* der frische Dorsch, schmeckt tatsächlich in den Monaten mit „r“ am besten, im Sommer also weniger.

Und dennoch mangelt es nicht an Spannbreite und Spannung auf dem Osloer Speisezettel, was vor allem dem großen internationalen Angebot zu verdanken ist. Das sorgt im Hochpreisland Norwegen im Übrigen auch dafür, dass Sie günstig und gut essen können. Asiatisches Essen, vor allem die indische und pakistanische Küche, dominiert. Auch der nächste Kebab-Imbiss und ein Würstchengrill sind nie weit weg. Norwegische Kioske oder *gatekjøkken* (Imbisse) halten mit *pølse* (Wurst), gebrüht oder gebraten, an jeder Straßenecke dagegen. Die Norweger sind auf dem besten Wege, Weltmeister im Verzehren von handlichem Fastfood zu werden. Gourmets trösten sich damit, dass es auch ganz am anderen Ende der Skala genug Auswahl gibt.

CAFÉS

Kleine Besonderheit in Norwegen: *middag* wird nicht am Mittag, sondern gegen Abend gegessen. Zu Hause kommt diese warme Hauptmahlzeit oft gleich nach der Arbeit gegen 17 Uhr auf den Tisch. Die Restaurants füllen sich zumeist ab 19, öffnen aber bereits um 17 Uhr. Ihren Lunch essen Osloer zwischen 11.30 und 14 Uhr auch gern im Restaurant. Viele Gaststätten bieten Lunchkarten mit kleineren, deutlich günstigeren Gerichten an. Bier oder Wein sind teuer, und es ist durchaus üblich, zum Essen nur *vann* (Leitungswasser) zu bestellen. Bezahlt wird in Restaurants, Cafés und Kneipen meist mit Kreditkarte, mit Bargeld nur noch selten.

Beachten Sie, dass die meisten Lokale mit „Café" im Namen auch warme Gerichte anbieten, aber nicht unbedingt eine Kuchenkarte haben. Die gibt es in der *konditori*. Auch preislich unterscheiden sich manche Cafés nicht von Restaurants.

Von wegen Schifferambiente: Im „Lofoten" gibt es köstlichen Fisch im globalen Hafencity-Schick

CAFÉS

KAFFEEBRENNERIET

Auch in Oslo schießen Kaffeebars wie Pilze aus dem Boden. *Kaffeebrenneriet* hat in der Stadt knapp 20 Filialen und überrascht mit günstigen Preisen für sehr guten Kaffee. Die Leckereien dazu kommen aus der eigenen Bäckerei. Im Zentrum gibt es zwei Filialen. *So geschl.* | *Storgata 2* **[106 B6]** | *Akersgata 45* **[106 A5]**

PASCAL KONDITORI **[105 E5]**

Süße Köstlichkeiten und kleine Mahlzeiten serviert der mehrfach ausgezeichnete Konditor Pascal Dupuy an der Henrik Ibsens gate gleich gegenüber dem Schloss. Hier war schon der ehemalige US-Präsident Bill Clinton zu Gast. *Henrik Ibsens gate 36 | Straßenbahn 13, 19: Slottsparken*

Insider Tipp **WAYNE'S COFFEE** [105 D5]
Die Kaffeebar gibt es in Oslo viermal, sie gilt als Topadresse unter Kennern. In der Bar am *Solli plass* südwestlich des Schlossparks können Sie im Sommer Ihren Kaffee auch draußen genießen. Auf der Lunchkarte stehen Salate und frische Pasta. *Henrik Ibsens gate 90 | Straßenbahn 12, 13, Bus 30, 31: Solli plass*

RESTAURANTS €€€

EKEBERG-RESTAURANTEN ★ [113 D5]
Kontinentales Essen hoch über dem Oslofjord mit herrlicher Aussicht. Große Auswahl speziell auch auf der Lunchkarte. *Kongsveien 15 | Tel. 23 24 23 00 | www.ekebergrestauranten.com | Straßenbahn 18, 19: Sjømannsskolen*

GREFSENKOLLEN [0]
Essen der Sonderklasse, eingebettet in schönste Hügellandschaft und mit einem herrlichen Blick. Inklusive Moschusochse über dem Kamin und offener Küche. *Mo geschl. | Tischvorbestellung fürs Abendessen notwendig | Grefsenkollveien 100 | Tel. 22 79 70 60 | Bus 56: Trollveiskrysset, 15 Gehmin.*

LOFOTEN [111 D3]
Das exklusive Fischrestaurant liegt passend am Kai von Aker Brygge. Frischer Fisch und Meeresfrüchte aus Norwegen. Konservativ, aber nie langweilig serviert. *Stranden 75 | Tel. 22 83 08 08 | www.lofoten-fiskerestaurant.no | Straßenbahn 12: Aker Brygge*

MARKVEIEN MAT & VINHUS [106 C4]
Lange bevor Grünerløkka in war, wurde hier schon französisch mit norwegischen Zutaten gekocht. In der dazugehörenden Dr. Kneipp's Vinbar (Insider Tipp) genießen Sie die exklusiven Weine und Teile des Hauptmenüs

MARCO POLO HIGHLIGHTS

★ **Ekebergrestauranten**
Ist die Aussicht noch besser als das Essen? Schwer zu sagen (Seite 51)

★ **Lofotstua**
Fisch frisch und gut, in einem Ambiente, das ein bisschen aussieht wie bei einer Fischerfamilie (Seite 53)

★ **Palace Grill**
Hier kommt man ohne Karte aus – mit viel Charme und ungezwungener Atmosphäre (Seite 53)

★ **Le Canard**
Wo feine norwegische Zutaten auf französische Kochkunst und den wohl besten Weinkeller Oslos treffen (Seite 52)

★ **Restaurant Oscarsgate**
Klein, fein und frei von Snobismus (Seite 52)

★ **Lorry**
Der Klassiker unter Oslos Kneipen mit illustren Gästen und einfacher Kost (Seite 54)

auch günstiger. *So geschl. | Torvbakkgata 12 | Eingang Markveien | Tel. 22 37 22 97 | Straßenbahn 11, 12, 13: Nybrua*

SOLSIDEN **[111 E3]**

Im Schatten der Akershus Festning verbirgt sich das Restaurant in einem ehemaligen Hafenlager. Es ist eng, voll und laut, aber die Platte mit Meeresfrüchten und andere Fischspezialitäten kommen direkt am Wasser dekorativ auf den Tisch, und Sie haben einen schönen Blick auf den Hafen. *Tgl. ab 17 Uhr | Akershus kam 34 | Tel. 22 33 36 30 | Straßenbahn 12: Rådhusplassen*

RESTAURANTS €€

BORGGÅRDEN BIFFRESTAURANT **[105 F6]**

Zentral gelegenes Steakrestaurant, in dem vor allem Fleisch vom Limousin-Rind serviert wird. Auch vegetarische Gerichte. *So–Fr ab 15, Sa ab 12 Uhr | Fridtjof Nansens plass 5 | Tel. 22 42 09 05 | Bus 32, 74, Straßenbahn 19, 12: Nationaltheatret, Rådhusplassen*

KAFFISTOVA **[112 A1]**

Ein wenig ländliche Atmosphäre mitten in Oslo. Typisch norwegisches Essen gibt es in der Kaffistova des Hotel Bondeheimen. Dazu gehören *raspeballer* (Klöße von der West-

> GOURMETTEMPEL

Beste norwegische Zutaten in Meisterhänden

LE CANARD ★ **[104 C4]**

Vom Guide Michelin ausgezeichnet, mit der besten Weinkarte Oslos und hervorragendem Service. In herrschaftlichem Ambiente werden exklusive Zutaten in norwegisch-französische Harmonie gebracht, was dem Restaurant sogar internationalen Ruhm eingebracht hat. Hauptgerichte ab 42 Euro. *Mo–Sa ab 18 Uhr | President Harbitz gate 4 | Tel. 22 54 34 00 | www.lecanard.no | Straßenbahn 19: Briskeby*

FEINSCHMECKER **[104 B4]**

Bürgerlich ist das Restaurant im Stadtteil Frogner, klassisch der Stil der Küche. Der Küchenchef – Silbermedaillengewinner beim internationalen Kochwettbewerb *Bocuse d'Or* – erreicht im Feinschmecker europäisches Spitzenniveau. Spezialität: Eismeersaibling. Hauptgerichte ab 42 Euro. *Mo–Sa ab 17 Uhr | Balchens gate 5 | Tel. 22 12 93 80 | Bus 30, 31: Frogner kirke*

RESTAURANT OSCARSGATE ★ **[105 F3]**

Fantasievolles Essen von extrem hoher Qualität hat dem Lokal einen Michelinstern eingebracht. Trotz oder gerade wegen der intimen Atmosphäre im kleinen Haus fehlt hier jeglicher Snobismus; günstig ist es aber trotzdem nicht. Das 8-Gänge-Menü kostet 140 Euro. *Di–Sa ab 18 Uhr | Pilestredet 63 | Tel. 22 46 59 06 | www.restaurantoscarsgate.no | Straßenbahn 17, 18: Dalsbergstien*

STATHOLDERGAARDEN **[112 A2]**

Exklusives Lokal im Ambiente des 18. Jhs. und Essen vom Allerfeinsten. Saisonale norwegische Zutaten verzaubert der Michelinsternträger Bent Stiansen auf zugleich klassische und phantasievolle Art. Hauptgerichte ab 40 Euro. *Mo–Sa ab 18 Uhr | Rådhusgata 11 | Tel. 22 41 88 00 | www.statholdergaarden.no | Straßenbahn 10, 12, 13, 15, 17: Posthuset*

küste) und *boknafisk,* auf traditionelle Weise rauchgetrockneter Klippfisch. *Rosenkrantz gate 8 | Tel. 61 17 15 29 | Straßenbahn 11, 17, 18: Stortorvet*

LOFOTSTUA ★ **[104 C1–2]**
Einmal richtig norwegisch Fisch essen – ohne Schnickschnack und mit der Ungezwungenheit der Nordnorweger als erfrischende Zutat beim Service. *Mo–Fr ab 15 Uhr | Kirkeveien 40 | Tel. 22 46 93 96 | Bus 20, Straßenbahn 11, 12, 19, T-Bahn 1–6: Majorstuen*

MAUDS I KVADRATUREN **[111 F2]**
Ob *raspeballer* oder Rentierfilet: Mauds tischt klassische norwegische Kost in Gourmetvarianten auf. Und das zu für Osloer Verhältnisse akzeptablen Preisen. *Mo–Sa ab 16 Uhr | Tollbugata 24 | Tel. 22 83 72 28 | Bus 30, 31, 54: Kongens gate*

Insider Tipp **OSLO SPISEFORRETNING** **[113 E3]**
In dem gemütlichen Lokal werden norwegische Traditionsrezepte mit modernem Zuschnitt gereicht. Große Weinkarte. *Di–Sa ab 16 Uhr | Oslo gate 15 | Tel. 22 62 62 10 | Bus 34, 45, 46, 70, Straßenbahn 18, 19: St. Halvards plass/Dyvekes Bro*

PALACE GRILL ★ **[105 D5]**
Oslos bester Tipp für alle, die das Ungezwungene lieben. Es gibt weder Speise- noch Weinkarte, sondern nur das Zehn-Gänge-Menü des Tages, das gern auf die Wünsche der Gäste zugeschnitten und ausschließlich aus besten Zutaten bereitet wird. 23 Sitzplätze, Vorbestellung unmöglich – einfach anklopfen und ausprobieren! Selbst der Preis ist überraschend niedrig. *Mo–Sa ab 17 Uhr | Solli gate 2 | Tel. 23 13 11 40 | Straßenbahn 12, 13, Bus 30, 31: Solli plass*

Palace Grill: 23 Plätze, 10 Gänge, keine Karte

SULT **[107 D2]**
Sult bedeutet Hunger und ist der Titel des wohl berühmtesten Knut-Hamsun-Romans. Im gleichnamigen Restaurant stillen kreative Köche den Hunger ihrer Gäste vor allem mit Fisch, der auf moderne und manchmal überraschende Art zubereitet wird. *Mo–Fr ab 16, Sa/So ab 12 Uhr | Thorvald Meyers gate 26 B | Tel. 22 87 04 67 | Straßenbahn 11, 12, 13, Bus 30: Birkenlunden*

YLAJALI **[106 A4]**
Spannende Gerichte zu erschwinglichen Preisen. Mit Mittelmeer und Frankreich im Hinterkopf wird jede Woche ein Menü zu einem festen Preis komponiert. *Mo–Sa ab 17 Uhr | St. Olavs plass 2 | Tel. 22 20 64 86 | Straßenbahn 17: Tullinløkka*

RESTAURANTS €

Insider Tipp

ASYLET [113 D1]

Dieses Haus wurde um 1730 gebaut und war einst unter anderem ein Kinderheim, daher der Name. In dem recht dunklen historischen Lokal und im pittoresken Hinterhof werden einfache Mahlzeiten wie *smørebrød* (belegte Brötchen) und gebratener Lachs mit Bier gereicht. *Grønland 28 | Tel. 22 17 09 39 | T-Bahn 1–6: Grønland*

LORRY ★ ▶▶ [105 E3]

Klassische Kneipe mit über 100 Biersorten, einfachem norwegischem Essen à la carte und Lunchmenü. Lebendige Atmosphäre, Künstlertreffpunkt. *Parkveien 12 | Tel. 22 69 69 04 | Straßenbahn 11, 17, 18: Welhavens gate*

OLYMPEN MAT OG VINHUS [107 E6]

Insider Tipp

Wer Grønland kennt, der kennt dieses Traditionslokal auch als „Lompa“. Hier werden Rentier, gekochter Dorsch oder

> SPEZIALITÄTEN

Genießen Sie die typisch norwegische Küche!

elgsteak – Elchbraten, mit Gemüse und gratinierten Kartoffeln serviert

finnbiff – fein geschnittenes Rentierfleisch mit Sauerrahmsauce und braunem Ziegenkäse

kjøttkaker – Hackfleischklößchen mit brauner Sauce

kokt torsk – pochierter Kabeljau, dazu Kartoffeln und Karotten

linje akevitt – Aus Kartoffeln gebrannter Aquavit schippert im Eichenfass zweimal über den Äquator und reift dabei. Auf der Rückseite des Etiketts steht, auf welchem Schiff der hochprozentige Norweger die Weltreise machte.

moltekrem – Moltebeeren mit Schlagsahne verrührt

øl – Norwegisches Bier ist nach dem Reinheitsgebot gebraut. Die leichteren Varianten für den Sommer heißen *sommerøl* oder *skjærgårdsøl*.

reker – Garnelen, im Sommer mit Weißbrot, Mayonnaise, Zitrone und Weißwein gereicht

rømmegrøt – Brei aus Sauerrahm und Milch. Schmeckt am besten mit *spekemat*

saft – Sirup aus schwarzen Johannisbeeren *(solbær)* oder anderen Früchten. Als *toddi* wird er auch warm getrunken.

spekemat – gepökeltes Schweinefleisch, Lammfleisch *(fenalår)* und Würste

tilslørte bondepiker – „verschleierte Bauernmädchen“, ein Dessert aus gerösteten Brotkrumen, Apfelmus und Schlagsahne

vafler – norwegische Waffeln, mit Sauerrahm, braunem Ziegenkäse *(geitost)* oder Marmelade serviert

vørterøl – alkoholfreies ungegärtes Getränk aus Wasser, Malz und Hopfen

Da bittet man gern mal um Asyl: Hinterhof-Idylle mit Kopfsteinpflaster und Bierbänken im Asylet

sursild (saurer Hering) in reichlichen Portionen serviert. *Grønlandsleiret 15 | Tel. 24 10 19 99 | T-Bahn 1–6: Grønland*

Insider Tipp

SAGENE LUNSJBAR **[102 C5]**

Kurz vor dem Abbruch wurde das Restaurant im Nordosten Oslos gerettet, das Jung und Alt, Nachbarn und Gäste von weither gleichermaßen freundlich empfängt. Einfache, gute Kost zu erschwinglichen Preisen. *Maridalsveien 153 | Tel. 98 44 89 00 | Bus 20, 37, 54: Arendalsgata*

SCHRØDER RESTAURANT **[106 A3]**

Ungezwungene Kneipenatmosphäre mit rotweißen Tischtüchern. Stammrestaurant von Harry Hole, dem berühmten Polizeiinspektor in den Krimis von Jo Nesbø. *Flesk og duppe* ist nur eines der typisch norwegischen Gerichte auf der Karte. *Waldemar Thranes gate 8 | Tel. 22 60 51 83 | Bus 21, 37, 46: St. Hanshaugen*

VALKYRIE **[105 C–D1]**

Legendäre Kneipe in Frogner. Hauptperson Elling in Ingvar Ambjørnsens gleichnamigem Buch bestellt hier *flesk og duppe.* Einfaches norwegisches Essen – meist automatisch mit Bier serviert. *Valkyriegata 15 B | Tel. 22 69 70 10 | Bus 20, Straßenbahn 11, 12, 19, T-Bahn 1–6: Majorstuen*

> LOW BUDGET

- Exotisch kann man sich selbst im teuren Oslo billig verpflegen. Entlang der Torggata gibt es viele asiatische Restaurants und Imbissbuden, die gutes und günstiges Essen servieren, auch vegetarisch.
- Essen Sie sich am „So-viel-Du-willst"-Büfett im Restaurant *Djengis Khan* **[106 C5]** satt. *Tgl. ab 14 Uhr | Torggata 11 | Straßenbahn 11, 12, 13, 17: Brugata.* Ein ähnliches Angebot gibt's bei *Mr Hong* **[106 A6]** nahe Storting. *Tgl. ab 14 Uhr | Stortingsgata 8 | Tel. 22 33 25 54 | Straßenbahn 13, 19: Wessels plass*
- Man muss nicht Student sein, um für 50 Kronen in der Studentenkantine *Frederikke Mathus* **[0]** in Blindern essen zu dürfen. *Mo–Do 10–19, Fr 10–18 Uhr | Problemveien 11 | T-Bahn 3, 4, 5: Blindern*

> KUNST, FISCH UND LUSEKOFTE

Eins ist sicher: Schnäppchen zu ergattern, ist in Oslo ziemlich schwierig. An Einkaufserlebnissen mangelt es aber nicht

> *Lusekofte*, die norwegische Jacke mit den Tupfen (*luse* heißt Läuse), oder ein Norwegerpullover sind seit Langem beliebte Mitbringsel aus dem kühlen Norden. Weniger bekannt, aber ein passendes Geschenk für Männer ist die *busserull*. Dieses gestreifte Bauernhemd wurde von Akademikern mit Sehnsucht nach Landleben wieder salonfähig gemacht. Manche tragen es heute in Norwegen sogar bei festlichen Gelegenheiten. Käsehobel, samischer Schmuck und Kunsthandwerk, ein Rentierfell, ein Wikingertrinkbecher aus Silber oder Zinn oder ein Holztrinkbecher landen oft auf der Einkaufsliste.

Wer exklusiv einkaufen will, bummelt durch die Boutiquen in Bogstadveien im Stadtteil Frogner – meist noch etwas teurer als Luxusläden in anderen Ländern, aber einen Abstecher wert. Ebenso international, aber weitaus günstiger ist das Warenange-

Bild: Filiale der Gebrauchtwarenkette Fretex

EIN KAUFEN

bot auf den Märkten im orientalisch anmutenden Viertel Grønland. Dazwischen liegen die riesigen Shoppingzentren, die auch bei schlechtem Wetter Einkaufsspaß garantieren.

DESIGN & KUNST

DOGA NORSK DESIGN- OG ARKITEKTURSENTER ★ [106 C4]

Ausstellungen und Verkauf unter einem Dach: DogA bietet preisgekröntes und anderes norwegisches Design, Architekturbücher und vieles mehr. *Hausmannsgate 16 | www.doga.no | Bus 34, 54: Jakob kirke*

KUNSTNERFORBUNDET [111 E1] Insider Tipp

150 norwegische Gegenwartskünstler sind im Künstlerverband organisiert. Hinter dem Rådhuset liegt die Galerie, in der ihre Werke gezeigt und verkauft werden. *Kjeld Stubs gate 3 | www.kunstnerforbundet.no | Straßenbahn 12: Rådhusplassen*

NORWAY DESIGNS [105 F5]
Textilien, Glaskunst und Schmuck in modernem norwegischem Design können Sie bei Norway Designs kaufen. Besonders exquisit sind die kunstvollen Gläser. *Stortingsgata 28* | *www.norwaydesigns.no* | *T-Bahn 1–6, Straßenbahn 13, 19: Nationaltheatret*

EINKAUFSSTRASSEN & -ZENTREN

BOGSTADVEIEN ★ [105 D2]
Die Shoppingmeile zwischen Schlosspark und Majorstua ist sündhaft teuer. Vom feinen Gemüsehändler über exklusive Mode- und Schuhgeschäfte bis zum Helly-Hansen-Brand-Store gibt es alles am Bogstadveien. *Frogner* | *www.bogstadveien.no* | *Straßenbahn 11, 19: Rosenborg*

GRØNLAND ★ [107 D6]
Einwanderer aus aller Welt, besonders aus Pakistan, prägen Viertel und Warenangebot. Bollywood-Filme, Mode von *Sheikhs Fashion,* Gemüse von *Batat Import* – alles ist am und um den Platz *Grønlands torget* zu haben. Besuchen Sie den neuen Basar, sehen Sie in der Ferne die Minarette der Moschee, und Sie sind gedanklich weit weg von einer skandinavischen Hauptstadt. *www.gronlandstorg.no* | *T-Bahn 1–6: Grønland*

STEEN & STRØM MAGASIN [112 A2]
Das berühmteste Einkaufszentrum Oslos versorgt die norwegische Hauptstadt seit 1797 mit kontinentalen Waren. Es wurde vor Kurzem renoviert, und Sie finden Geschäfte für Damen-

Fischers Fritze heißt in Oslo Fiske-Nilsen und lässt Fischfreunds Herz garantiert hoch schlagen

mode, Sportartikel, Parfüm und Lebensmittel. Auswahl und Preise halten deutlich gehobenes Niveau. *Kongensgate 23 | www.steenogstrom.no | Bus 30, 60, 70: Kongensgate*

FISCH

Geräucherter Fisch lässt sich problemlos nach Hause transportieren. Räucherlachs ist eine sichere Sache, auch im Supermarkt gibt es gute Ware. Achten Sie auf das Haltbarkeitsdatum des eingeschweißten Stücks. Finden Sie mit *einerbær* (Wacholder) geräucherten Lachs, sollten Sie ihn unbedingt kaufen. Andere, weniger bekannte Spezialitäten sind *røkt kolje* (geräucherter Schellfisch) und *røkt blåkveite* (geräucherter schwarzer Heilbutt). In einem Fischgeschäft wird der Fisch auch für Sie vakuumiert (meist ohne Aufpreis).

LAKSEN FISK OG VILT [103 D5]

Leider ein wenig entfernt vom Zentrum, aber eines der besten Fischgeschäfte Oslos. Verkauft außer Fisch und Wild auch Hausgemachtes wie Heringssalate, Preiselbeermarmelade und Moltebeersahne. *Maridalsveien 188 | www.laksen.no | Bus 37, 54: Advokat Dehlis plass*

GEORG NILSEN FISK & VILT [105 D2] Insider Tipp

„Fiske-Nilsen" ist Oslos ältestes Fischgeschäft mit der besten Auswahl an Fisch- und Wildspezialitäten. Kaufen Sie sich hier ein Päckchen *klippfisk* – getrockneter und gesalzener Fisch, der zusammen mit Kartoffeln, Zwiebeln, Olivenöl, Tomaten und Paprika zu einem herrlichen Fischeintopf namens *bacalhau* verarbeitet wird. Rezepte gibt's im Laden. *Bogstadveien 39 | www.georganilsen.no | Straßenbahn 11, 19: Schultz gate*

GLAS & KERAMIK

BRUDD [106 C3] Insider Tipp

Eine Art Kooperative von 20 Künstlern, die kunstvolle Keramik, Glas und anderes Kunsthandwerk anbieten. *Markveien 42 A | www.brudd.info | Straßenbahn 11, 12, 13: Schous plass*

GLASMAGASINET [106 B6]

Besonders das Erdgeschoss im Einkaufszentrum am Marktplatz hinter

MARCO POLO HIGHLIGHTS

★ DogA Norsk Design- og Arkitektursenter
Mehr Geschmackvolles als Nützliches, ein Genuss für die Sinne (Seite 57)

★ Bogstadveien
Shoppingmeile, auf der das Geld keine Rolle spielt (Seite 58)

★ Grønland
Fernes statt Feines in Oslos multikulturellem Hinterhof (Seite 58)

★ Husfliden
Vom Käsehobel bis zur kompletten Tracht – hier finden Sie norwegische Traditionsware aus allen Ecken des Landes (Seite 60)

★ Juhls' Silvergallery
Norwegens berühmtester Silberschmuck, inspiriert vom Licht und der Weite der nordnorwegischen Vidda, wird zum Glück auch in Oslo angeboten (Seite 61)

der Domkirche spricht die Sinne an: Glas, Kristall, Porzellan, aber auch Konfekt und herrliche Düfte. Hier betreibt auch die berühmte norwegische Glasbläserei Hadeland eine Filiale. *Stortorvet 9 | www.glasmagasinet.no | Straßenbahn 11, 17, 18: Stortorvet*

NORWEGISCHES

HEIMEN [106 A5]
Gleich neben dem *Landhotel Bondeheimen* wird norwegischer *husflid* – also Handgemachtes verschiedener Art – angeboten: Trachten und *lusekofte, busserull*-Hemden und traditioneller wie moderner norwegischer Schmuck. *Rosenkrantz gate 8 | www.heimen.net | Straßenbahn 11, 17, 18: Tinghuset*

HUSFLIDEN ★ [106 B6]
Wer will, kann hier die Tracht jeder Region Norwegens kaufen oder einfach nur bestaunen. Außerdem gibt's Handwerkliches wie Schmuck, Hübsches und Praktisches aus Holz, Elchpantoffeln und Rentierfelle. *Stortorvet 9 | im Untergeschoss des Glasmagasinet | www.dennorskehusfliden.no | Straßenbahn 11, 17, 18: Stortorvet*

Sicher nicht das originellste Mitbringsel, aber bestimmt eines der wärmsten: Norwegerpulli

SPORTSNETT [111 E1]
Outdoor ist ein Teil der norwegischen Identität. Will man zum Nordpol gehen oder auch nur eine längere Wanderung planen – hier gibt's die komplette Ausrüstung dazu. *Olav V's gate 6 | www.sportsnett.no | Bus 30, 70, Straßenbahn 13, 19, T-Bahn 1–6: Nationaltheatret*

VINMONOPOLET [106 C3]

Weine und Hochprozentiges gibt es nur in den staatlichen Monopolläden, die meist als Selbstbedienungsläden konzipiert sind. Die traditionelle Atmosphäre mit langen Schlangen geduldiger Käufer, die von uniformierten Verkäufern bedient werden, erleben Sie noch bei *Vinmonopolet* in Grünerløkka, wenn Sie dort stilgerecht – und teuer – eine Flasche *Linje Akevitt* kaufen. Die Filiale liegt übrigens in den ehemaligen Räumen von *Beckers,* früher eine der berühmtesten Kneipen der Stadt. *Nordre gate 16, Ecke Markveien | www.vinmonopolet.no | Straßenbahn 11, 12, 13: Olaf Ryes plass*

XXL [112 B1]

Die Norwegerpullis tragen vielleicht nicht das berühmte „Dale-of-Norway"-Label, kosten dafür aber viel weniger in diesem Sportgeschäft. Typisch norwegisch sind auch Jacken von Helly Hansen oder Mützen von Kari Traa. Den typischen Trinkbecher aus Holz *(turkopp)* bekommen Sie hier ebenfalls deutlich günstiger. *Storgata 2 | www.xxl.no | Straßenbahn 11, 12, 13, 17: Brugata*

YOUNGSTORGET, STORTORVET, KARL JOHANS GATE [112 B1–2]

An diesen zentralen Plätzen gibt es viele Souvenirgeschäfte und im Sommer auch Marktstände, die norwegische Souvenirs verkaufen. Aber aufgepasst: Die Norwegerpullis sind nicht selten in China gestrickt!

SILBER & SCHMUCK

JUHLS' SILVERGALLERY ★ [111 E1]

Samischen Schmuck und Kunsthandwerk aus Nordnorwegen und der Tundra gibt es bei Juhls' Silvergallery. Das Geschäft führt auch nordnorwegische Glaskunst. *Roald Amundsens gate 6 | www.juhls.no | Straßenbahn 13, 19, T-Bahn 1–6: Nationaltheatret*

THUNE [111 F1]

Norwegens bekanntester und größter Juwelier hat auch in der Hauptstadt zahlreiche Filialen. Das Geschäft in einem Eckhaus am Platz Egertorget an der Karl Johans gate gibt es seit 1861. Das Angebot an klassischem Schmuck und Uhren ist enorm. *Øvre Slottsgate 12 | www.thune.no | Straßenbahn 12, 13, 19: Wessels plass*

>LOW BUDGET

- In der Gebrauchtladenkette der Heilsarmee *Fretex* [106 C2] bekommen Sie vom Sportartikel bis zum Abendkleid nahezu alles, mit etwas Glück ergattern Sie einen echten Norwegerpulli oder anderes typisch Norwegisches *(Markveien 5 | www.fretex.no | Straßenbahn 11, 12, 13: Birkelunden).* Norwegisches Glas, etwas für den Haushalt oder ein Bild finden Sie im Gebrauchtwarenladen *Maritas Bruktbutikk* [106 C4]. Die Einnahmen helfen Drogenabhängigen. *Markveien 67 | www.marita.no | Straßenbahn 11, 12, 13: Nybrua*
- An Oslos „Rotem Platz" – hier sitzen Sozialdemokraten und Gewerkschaftsbund – stellen täglich bis zu 30 Marktverkäufer ihre Stände auf. Von günstigen norwegischen CDs über heimischen Honig bis zu Militärartikeln wird alles angeboten – oft zu günstigen Preisen. *Youngstorget | Straßenbahn 11, 12, 13, 17: Brugata*

> DAS ENDE DER BRAUNEN KNEIPE

Irgendwo zwischen Avantgarde, Rock und Klassik beginnt auf Oslos Bühnen, in seinen stimmungsvollen Cafés und coolen Clubs die Nacht

> 1983 öffnete Oslos erstes Café, das *Sjakk Matt*, seine Türen, und das gleich rund um die Uhr. Immer brechend voll war das Lokal, denn es war die einzige Alternative zu den alten, etwas schmuddeligen Kneipen der Hauptstadt, die wegen des dichten Zigarettenqualms auch „braune" Kneipen hießen.

Mit dem Erdöl in der Nordsee kamen Reichtum und Ausländer mit gut gefüllten Portemonnaies – und die Cafés. In Oslo verbergen sich hinter dem Begriff *Café* oft Kneipen, aber auch Restaurants oder eben Kaffeebars. Das *Sjakk Matt* gibt es heute noch, unzählige Cafés, Bars, Club- und Konzertbühnen sind dazugekommen und haben vor allem eins geschafft: Oslo schnappt Trends und Moden auf und braucht sich hinter den anderen nordischen Hauptstädten nicht mehr zu verstecken. Gratiskonzerte und neue Straßenlokale machen einen lauen, hellen Sommerabend

Bild: Vergnügungsmeile Aker Brygge im Mittsommernachtslicht

AM ABEND

zum Erlebnis. Langeweile kommt nicht auf, schwieriger ist es, ab 21 Uhr noch ein stilles Plätzchen zu finden. Übrigens: Das norwegische Alkoholgesetz verbietet den Ausschank von Spirituosen an Personen unter 20 Jahren, weshalb einige Clubs, Bars und Diskotheken ihren Gästen dies als Altersgrenze setzen. Und es gibt eine Sperrstunde: Um 3.30 Uhr spätestens sind alle Gaststätten geschlossen.

BALLETT/KONZERT/THEATER

DANSENS HUS

[106 C3] Insider Tipp

Der moderne Tanz residiert in einstigen Werkstätten in Grünerløkka. Die Vorstellungen nationaler und internationaler Tanzensembles halten hohes Niveau. *Tickets Tel. 23 70 94 00 oder Mo–Fr 16–20 Uhr, Sa/So ab 2 Std. vor Vorstellungsbeginn | Møllerveien 2 | www.dansenshus.com | Bus 34, 54, Straßenbahn 11, 12, 13: Møllerveien*

KONSERTHUSET [111 D–E1]
Im Stammhaus der klassischen Musik sind die Osloer Philharmoniker zu Hause, und sie haben regelmäßig weltberühmte, aber auch norwegische Gäste wie den Pianisten Leif Ove Andsnes oder den Trompeter Ole Edvard Antonsen zu Gast. *Kartentel. 23 11 31 11 Mo–Fr 11–17, Sa 11–14 Uhr | Munkedamsveien 14 | www.oslokonserthus.no | Straßenbahn 12: Aker Brygge, 13, 19: Nationaltheatret*

DEN NORSKE OPERA OG NASJONALBALLETT ★ [112 C3]
Eben noch mittendrin im Osloer Straßengewirr, plötzlich weißer, bis in den Fjord gleitender Marmor. Im monumentalen Opernhaus mit zwei Bühnen sind Staatsoper und Nationalballett zu Hause. Die Akustik gehört laut Fachleuten zu den besten weltweit. Die Preise variieren, Karten kosten zwischen 140 und 1600 Kronen. *Ticketschalter in der Eingangshalle Mo–Fr 10–20, Sa 11–18 Uhr | Kirsten Flagstads plass 1 | Tel. 81 54 44 88 | www.operaen.no | alle T-Bahnen: Oslo S*

Augenweide trifft auf Hörgenuss: Oslos neue Oper steht auch in Sachen Akustik ganz weit oben

BARS

BAR BOCA [107 D2] Insider Tipp
In der Bloody Mary ist ein ganzer Salat, der Mojito gilt als der beste der Stadt. Die im Retrolook gestaltete Bar Boca ist sehr klein, hat aber für die Raucher auch ein paar Stühle auf dem Bürgersteig. Sie fügt sich nahtlos in den hohen gastronomischen Standard Grünerløkkas ein. *Thorvald Meyers*

gate 30 | Straßenbahn 11, 12, 13: Olaf Ryes plass

BIBLIOTEKSBAREN [111 F1]
Klassische, dunkle Hotelbar mit Kronleuchter und tiefen Chesterfield-Sesseln. Hier treffen sich Finanz- und Kulturelite zum kühlen Bier und leisen Plausch. Im Hintergrund spielt ein ewig junger Pianist. *Kristian IV's gate 7 | Straßenbahn 12, 13, 19: Stortorvet*

HANNIBALS HYBEL ★ [111 D2]
Auch nach der Komplettrenovierung noch eine urige Kneipe auf Aker Brygge, in der das Bier weiterhin in Halblitergläsern serviert wird (bei der Konkurrenz sind es nur 0,4 l). Weil man auch auf dem Kai sitzen kann, ist dies der beste Ort für richtig warme und späte Sommerabende. *Aker Brygge | Straßenbahn 12: Aker Brygge*

JUSTISEN [112 B1]
Früher wurden hier Särge genagelt, jetzt treffen sich in den verwinkelten Räumen mit Holzböden Anwälte, Beamte und Politiker. Gartenrestaurant im malerischen Innenhof. *Møllergata 15 | Tel. 22 42 24 72 | www.justisen.no | Straßenbahn 12, 13, 19: Stortorvet*

LITTERATURHUSET ★ ▶▶ [105 E4]
Das Haus der Literatur gibt es in Oslo seit 2007 in der ehemaligen Lehrerhochschule am Schlosspark. Schauen Sie unbedingt ins Café rein. Hier gibt es eine sehr gute Karte mit gesundem Essen, leckeren Getränken und viele nette Leute. *Wergelandsveien 2 | www.litteraturhuset.no | Straßenbahn 11: Welhavens gate*

CLUBS & DISKOTHEKEN

BARBEINT [105 D5]
Beliebtes Nachtlokal im feinen Frogner mit viel Champagner und funky Musik. Stilvolle Cocktailbar und immer wieder bekannte internationale DJs. *Henrik Ibsens gate 60 A | www.barbeint-oslo.no | Straßenbahn 19: Inkognitogata, Bus 30, Straßenbahn 12, 13: Solli*

DATTERA TIL HAGEN ▶▶ [113 D1] Insider Tipp
„Hagens Tochter" beansprucht gleich zwei Etagen. Unten wird Essen serviert, oben gehen Konzerte und mehr über die Bühne. Gemütlicher und lebendiger Club im Stadtteil Grønland. *Grønland*

MARCO POLO HIGHLIGHTS

★ Den Norske Opera og Nasjonalballett
Oslos Jahrtausendbauwerk bietet feinste Kultur für Jedermann (Seite 64)

★ Hannibals Hybel
Trotz edler Lage auf Aker Brygge kommt hier fast ein wenig Hafenkneipen-Atmosphäre auf, wenn die Gäste beim Bier auf ihre Fähre nach Hause warten (Seite 65)

★ Litteraturhuset
Das Haus der Literatur ist eine schöne Adresse für entspannte oder hochgeistige Gespräche bei Kaffee und Salat (Seite 65)

★ Blå
Warten zahlt sich aus: Liveacts für Kenner im Musiklokal von Weltruf (Seite 67)

CLUBS & DISKOTHEKEN

Ob einer der Herren Nilsen heißt, wissen wir nicht. Dass der gleichnamige Club 1a Jazz bietet, schon

10 | Tel. 22 17 18 70 | www.dattera.no | T-Bahn 1–6: Grønland

HELLAWAITS [107 D4]

In der „Hölle von Grünerløkka" werden kalte Getränke und heißer Sound serviert. Der Musikpub spielt kompromisslosen Qualitätsrock. Außer dem Bier ist das meiste hier dunkel. *Thorvald Meyers gate 81 | www.hellawaits.no | Straßenbahn 11, 12, 13: Schous plass*

Insider Tipp **HERR NILSEN** [112 A1]

Jazz fürs Volk ist die Devise dieses Clubs. Die Stilrichtung ist traditionell. Findet kein Konzert statt, ist Herr Nilsen Bar und Café. *C. J. Hambros plass | www.herrnilsen.no | Straßenbahn 11, 17, 18: Tinghuset*

INTERNASJONALEN [112 B1]

Am „roten Platz" von Oslo, wo die Sozialdemokraten und der Gewerkschaftsbund residieren, kann ein Musikclub nur „Internationale" heißen. Allerdings steht dort nicht Gleichklang, sondern Rock im Mittelpunkt. Draußen wird das Bier bis 3 Uhr serviert. *Youngstorget 2 | www.sigarett.com/live/internasjonalen | Straßenbahn 11, 12, 13, 17: Brugata*

SMUGET ▶▶ [111 E–F1]

Bars, Disko, Konzerte, Stand-up-Comedy – Smuget sind gleich vier Lokale in einem. Jedes Jahr gehen hier an die 700 Kulturevents über zwei Bühnen. Eine Osloer Institution. *Rosenkrantz' gate 22 | www.smuget.no | Straßenbahn 12: Rådhusplassen*

SOUND OF MU [106 C4]

Nicht mehr ganz junge Leute in einer kleinen Bar mit minimalistischem Interieur. Ein Club, der in keine Schublade passt: Konzerte und Ausstellungen, Matineen und Lesungen. *Markveien 58 | www.soundofmu.no | Straßenbahn 11, 12, 13: Nybrua*

THE VILLA [106 B5]
Musik bis die Ohren wackeln: Kellerclub mit Technomusik aus der besten Soundanlage der Stadt. Gilt bei vielen als der beste unter den neuen Clubs in Oslo. *Møllergata 23 | www.thevilla.no | Bus 30, 34, 54, Straßenbahn 11, 12, 13, 17: Brugata*

KINO

Die meisten Filme laufen in Originalsprache mit norwegischen Untertiteln. Das Programm steht auf *www.osloki no.no*, die Tickets gibt es dort auch *(85 NOK | Tel. 82 05 00 01)*.

CINEMATEKET [112 B2]
Schmale, alte, alternative und norwegische Filme laufen in Cinemateket, dem Filmclub des norwegischen Filminstituts. Integriert sind das Filmmuseum (Eintritt gratis, mit englischem Führer) und ein Geschäft für norwegische Filme. *Dronningens gate 16 | www.nfi.no/cinemateket | Straßenbahn 12, 13, 19: Dronningens gate*

LIVEMUSIK

Insider Tipp
BETONG [104 C1]
Konzertbühne im Haus der Studentenvereinigung, im Stil der 1970er-Jahre mit einem großen Betonturm versehen. Drinnen ist die Bühne intim. *Betong* ist mittlerweile eine der wichtigsten Konzertbühnen Oslos. *Slemdalsveien 15 | www.studentersamfundet.no/lokaler.php?lokale=Betong | T-Bahn 1–6: Majorstuen*

BLÅ ★ [106 C4]
An einem Abend Tanzmusik, am nächsten Avantgardistisches – einfach ausprobieren! Jazz und anderes wird in diesem von der BBC zu einer der besten Musikbühnen Europas gewählten Club geboten. Lange Warteschlangen sind daher keine Seltenheit. *Brenneriveien 9 c | www.blaaoslo.no | Bus 34, 54: Møllerveien*

PARKTEATRET ▶▶ [107 D3]
Jazz, Rock, Blues und ein Dokumentarkino: All das bietet das Parkteatret. Ursprünglich als Kino gebaut, trifft sich vor dem Gebäude heute die Szene von Grünerløkka. *Olaf Ryes plass 11 | www.parkteatret.no | Straßenbahn 11, 12, 13: Olaf Ryes plass*

ROCKEFELLER [106 B5]
Zwei große Bühnen und ein Pub sorgen für eine geballte Ladung Musik im Rockefeller. Die Musikbühne und der *John Dee Live Club & Pub* sind im ehemaligen Torgata-Schwimmbad zu Hause. *Torgata 16 | www.rockefeller.no | Straßenbahn 11, 12, 13, 17, Bus 30, 34, 54: Brugata*

>LOW BUDGET

- *Evergreen Inn* verkauft das günstigste Bier Oslos – vor 21 Uhr für 30 Kronen. Auch später noch erschwinglich. *Pilestredet 39 | am Hochschulzentrum*
- Im Sommer gibt es viele *Gratiskonzerte* mit Pop, Rock oder Volksmusik, u. a. auf dem Rathausplatz. Eine Übersicht bietet, allerdings auf Norwegisch, *www.oslosurf.com/innhold/00000267.shtml (Stichwort: gratis arrangementer).*
- In der und um die Oper finden ständig Matineen und Konzerte statt – Eintritt frei. Jeden Tag soll etwas passieren – der Opernchef hat es versprochen. Halten Sie Augen und Ohren offen!

> HOLZSCHLOSS, KASERNE ODER GRAND HOTEL?

Wer sucht, der findet in Oslo die passende Unterkunft für sich – Luxus, aber auch Günstiges mitten in der Stadt

> In einer der teuersten Städte der Welt kann Übernachten nicht billig sein. Doch das stimmt für Oslo nicht ganz, denn trotz des hohen Preisniveaus gibt es in der norwegischen Hauptstadt auch Gasthäuser und Angebote für schmale Portemonnaies.

Typisch für eine Großstadt sind auch in Oslo die vielen Hotels der Mittelklasse – zumeist Häuser internationaler Hotelketten mit vertrautem Ambiente, aber ohne eigenen Charme. Sie sprechen vor allem Geschäftsleute an, reißen sich im Sommer aber mit Sonderpreisen um die Touristen aus aller Welt. Selbst in den Osloer Luxusherbergen kann, wer ganz früh bucht, ein Zimmer für 170 Euro ergattern, das später 200 und mehr kostet. Und Luxus bezieht sich in Oslo nicht nur auf Einrichtung, Atmosphäre und Restaurantangebot: Ruhig soll es sein und mit perfektem Service, und es muss nahe der Stadt-

Bild: Zimmer Kari Traa im Grand Hotel

ÜBER NACHTEN

mitte liegen. Wer jedoch bereit ist, bei diesen Dingen kleine Abstriche zu machen, kann auch im teuren Oslo relativ günstig übernachten.

Von den einfacheren Unterkünften ist es schon ein Stückchen bis zur Karl Johans gate im Zentrum. Aber Oslo ist ja eine übersichtliche Großstadt mit einem dichten Netz öffentlicher Verkehrsmittel. Die Devise lautet: Mehrfahrtenkarte kaufen und beim Übernachtungsbudget sparen. Außerdem: Auch einfachere Hotels bieten reichhaltige Frühstücksbüfetts an, die Sie fast über den ganzen Urlaubstag in der norwegischen Hauptstadt bringen.

Nahezu alle Hotels egal welcher Kategorie haben mittlerweile WLAN-Zugang in den Zimmern.

Obwohl ständig neue Häuser gebaut werden, reichen zu Spitzenzeiten im Juli und August die Übernachtungskapazitäten der Hauptstadt nicht aus. Vorab bestellen ist also dringend angeraten *(www.visitoslo.com/de/hotel-online-buchen.49102.de.html)*.

Alles Design – auch der Name: Grims Grenka

HOTELS €€€

Insider Tipp **GRIMS GRENKA** [112 A2]

Selbst der Name des 2008 eröffneten Hotels ist Design und hat keine Bedeutung. Von einem skandinavischen Designhotel erwartet man eigentlich helle, lichte Farbflächen, die klaren, strengen Linien im Grims Grenka sind jedoch meist dunkel gehalten. Im „Sommerzimmer" können die Gäste mithilfe des Lichts unterschiedliche Sommerstimmungen schaffen. *40 Zi. | Kongensgate 5 | Tel. 23 10 72 00 | www.grimsgrenka.no | Bus 60: Bankplassen, Straßenbahn 12, 13, 19: Kongens gate*

HOLMENKOLLEN PARK HOTEL RICA [114 B6]

Nur einen Steinwurf von der Skiarena Holmenkollen entfernt liegt dieses Märchenschloss aus Holz. Der älteste Teil des Hauses stammt aus dem 19. Jh., als das Hotel im nationalromantischen, von Stabkirchen inspirierten Drachenstil erbaut wurde. Ländliche Romantik in reiner Form, gepaart mit erstklassigem Service und sehr guter Restaurantküche. Und das Beste: der Panoramablick über Oslo und den Fjord. *222 Zi. | Kongeveien 26 | Tel. 22 92 20 00 | www.holmenkollenparkhotel.no | T-Bahn 1: Holmenkollen*

OPERA HOTEL [112 C2]

Perfekt für Zug- und Busreisende! Das Haus liegt gleich hinter dem Bahnhof und dem Verkehrsknotenpunkt Jernbanetorget, die Oper auf der anderen Straßenseite am Hafen. Das Ambiente ist kühl, die Funktionalität des Businesshotels prägt auch ein wenig die Atmosphäre. *434 Zi. | Christian Frederiks plass 5 | Tel. 24 10 30 00 | www.thonhotels.no/opera | Bus 32, 34, 74, 83: Jernbanetorget*

PLAZA HOTEL [112 C1]

Mit 673 Zimmern nicht nur Norwegens größtes Hotel, sondern mit 117 m auch das höchste Gebäude der Hauptstadt. 1990 vom damaligen König Olav eröffnet, wurden die Zimmer dieses Luxushotels 2005 renoviert und neu ausgestattet. Das mit Spiegelglas verkleidete Wahrzei-

sider
ipp

chen Oslos liegt zentral nahe dem Bahnhof. Von der 34 Skybar genießen Sie einen tollen Blick auf Sonnenuntergang oder Mittsommernachtshimmel. *Sonja Henies plass 3 | Tel. 22 05 80 00 | www.plaza.oslo.radissonsas.com | T-Bahn 1–6: Jernbanetorget*

SCANDINAVIA HOTEL [105 F4]

Heute eigentlich ein Radisson Hotel, doch für die meisten Osloer ist und bleibt das Hotel am Schlosspark das SAS-Hotel (Scandinavian Airlines). Mit 22 Etagen ist es nicht so hoch wie das Plaza, aber immerhin hoch genug, um über dem Schloss und dem norwegischen König zu thronen. Ein Drink in der Bar in der 21. Etage ist der perfekte Abschluss eines Oslobummels. *488 Zi. | Holbergs gate 30 | Tel. 23 29 30 00 | www.oslo.radissonsas.com | Flughafenbus vom Hotel, Straßenbahn 11, 17, 18: Holbergs plass*

HOTELS €€

HOTEL ASTORIA [112 B2]

Mehr ist nicht nötig: Die Lage ist perfekt (50 m bis Karl Johan, 300 m vom Bahnhof), die Zimmer sind vor allem zweckmäßig eingerichtet. Es gibt Familienzimmer und Zimmer für Allergiker. *180 Zi. | Dronningens gate 21 | Tel. 24 14 55 55 | www.thonhotels.no/astoria | alle Bus-, Straßenbahn- und T-Bahn-Linien nahe Oslo S*

HOTEL BONDEHEIMEN [106 A5]

Theater, Nacht- und Kulturleben liegen hier gleich um die Ecke. Früher stiegen im Bondeheimen die Menschen vom Land ab, wenn sie in der Hauptstadt etwas zu erledigen hatten. Trotz umfassender Renovierungen hat Bondeheimen vieles von seinem ländlich-norwegischen Stil beibehalten. Als Stadthotel ist es günstig, an Wochenenden müssen Sie jedoch mit Seminar- und Kongressgästen rechnen. *127 Zi. | Rosenkrantz' gate 8 | Tel. 23 21 41 00 | www.bondeheimen.com | Straßenbahn 11, 17, 18: Tinghuset*

HOTEL GABELSHUS ★ [104 B6]

Wer ein ruhiges, bürgerliches Quartier vorzieht, wird sich im Gabelshus sehr wohl fühlen. Etwas abseits und still liegt das Haus im feinen Stadtteil Frogner westlich der Stadtmitte. Außen ist es klassisch englisch von Efeu umwachsen, innen strahlt es eleganten Charme aus. Gabelshus liegt nahe dem Anleger der Fähre nach Kiel. *114 Zi. | Gabels gate 16 | Tel. 23 27 65 00 | www.gabelshus.no | Straßenbahn 13: Skillebekk*

MARCO POLO HIGHLIGHTS

★ **Holmenkollen Park Hotel Rica**
Norwegische Holzarchitektur pur trifft auf Traumblick über den Fjord (Seite 70)

★ **Grand Hotel**
Noblesse und Kunst bis in jede Zimmerecke (Seite 72)

★ **Hotel Gabelshus**
Ein Außenseiter mit Stil unter Oslos Mittelklassehotels (Seite 71)

★ **MS Innvik/Art Bed & Breakfast**
Seemannsatmosphäre gleich neben der Oper – urig und unvergesslich (Seite 74)

HOTEL GYLDENLØVE [105 D2]

Im modernen norwegischen Designstil wurde das Hotel Gyldenløve renoviert. Das Haus, ursprünglich im Stil des Funktionalismus erbaut, liegt an Oslos beliebtester Einkaufsstraße auf halbem Weg zwischen Schlosspark und Vigelandspark. *164 Zi. | Bogstadveien 20 | Tel. 80 01 36 33 | www.thonhotels.no/gyldenlove | Straßenbahn 11, 19: Rosenborg*

QUALITY HOTEL 33 [0]

Etwas außerhalb des Zentrums liegt das im Stil der 1960er-Jahre gehaltene Designhotel. Einfache, klare Linien prägen auch die Zimmer. In der obersten Etage gibt es ein Restaurant,

> LUXUSHOTELS

Wo Nobelpreisträger wohnen und winken

BRISTOL [106 A5]

Das Haus wurde in den 20er-Jahren des letzten Jahrhunderts gebaut und 2000 um einen neuen Flügel erweitert. Der dunkle, traditionelle Stil dieses Hotels kommt am ehesten im *Bristol Grill* zur Geltung, wo große Kronleuchter an der Decke und Säbel an den Wänden die Räume schmücken. In der ▶▶ *Bibliothek Bar* treffen sich gerne Künstler und Autoren. Hier schrieb der deutsche Ingenieur Hans Ferdinand Mayer 1939 den berühmten Oslorapport und lieferte den Alliierten damit wertvolle deutsche Militärgeheimnisse. Versuchen Sie, ein Zimmer in einer der oberen Etagen zu bekommen, denn besonders am Wochenende kann der Straßenlärm unangenehm sein. *251 Zi. | 178–400 Euro | Kristian IV's gate 7 | Tel. 22 82 60 00 | www.thonhotels.no/bristol | Straßenbahn 11, 17, 18: Tinghuset*

CONTINENTAL [105 F5]

Norwegens bekanntestes Hotel liegt an der Stortingsgata gleich gegenüber dem Nationaltheater. Im Parterre des traditionsreichen Hauses residiert das mindestens ebenso berühmte *Theatercafé*. Seit vier Generationen ist das Continental in Familienbesitz, und die Frauen im Direktorensessel haben dem Haus ihren Stempel aufgedrückt. Keiner der mit vielen Antiquitäten möblierten Räume gleicht dem anderen, Individualität wird hier großgeschrieben. Das Hotel gehört als einziges in Norwegen zu den „Leading Hotels of the World". *155 Zi. | 174–400 Euro | Stortingsgata 24–26 | Tel. 22 82 40 00 | www.hotel-continental.com | Straßenbahn 13, 19, T-Bahn 1–6: Nationaltheatret*

GRAND HOTEL ★ [106 A6]

Jedes Jahr im Dezember winkt der neue Friedensnobelpreisträger vom Balkon seiner Nobelsuite den Osloern zu, das Jahr über steigen internationale Stars aus der Film- und Musikbranche hier ab. Über 51 Suiten und 238 Zimmer verfügt das renommierte Hotel an der Karl Johans gate gegenüber dem Parlament. Eine Kuriosität sind die 13 Zimmer auf dem „Ladies Floor", einer Etage, die Damen vorbehalten ist und sie mit entsprechendem Stil und eigener Wellnessabteilung anzusprechen sucht. *189–400 Euro | Karl Johans gate 31 | Tel. 23 21 20 00 | www.grand.no | T-Bahn 1–6: Stortinget, Straßenbahn 13, 19: Wesselsplass*

eine Bar, eine Relaxabteilung und einen phantastischen Blick auf den Oslofjord. *242 Zi. | Østre Aker vei 33 | Tel. 23 19 33 33 | www.choicehotels.no | Bus 60: Økern næringspark*

Das vierstöckige Haus bietet 93 gemütliche Zimmer. Die *Bar des Savoy* ist an den Wochenenden ein Treffpunkt, weshalb es manchmal auch etwas laut wird. *Universitetsgata 11 | Tel. 23 35 42 00 | www.choicehotels.no | Straßenbahn 11, 17, 18: Tullinløkka*

Vor der Vorstellung: Das Theatercafé im Continental ist die passende Bühne für Oslos Society

SAGA BED & BREAKFAST [105 D3]
Eines der schönsten Mittelklassehäuser in Oslo – weil's etwas abgelegen im ruhigen Bürgerviertel Frogner und trotzdem nur 15 Minuten Fußweg vom Zentrum entfernt liegt. Und weil die Pension mit 37 Zimmern und einem gemütlichen Frühstückssalon immer die Möglichkeit bietet, nette Leute kennenzulernen. *Eilert Sundts gate 39 | Tel. 22 43 04 85 | www.sagabb.no | Bus 21, Straßenbahn 19: Uranienborgveien*

HOTEL SAVOY [106 A4]
Dieses traditionsreiche Hotel liegt unmittelbar an der Nationalgalerie.

HOTELS €

ANKER HOTEL [107 D5]
Wer ein wenig weg von der Stadtmitte, dafür aber näher an Grünerløkka wohnen will, trifft mit dem Anker Hotel eine gute Wahl: 161 freundlich-helle, dabei schlichte Zimmer in einem wuchtigen Gebäude direkt am Fluss Akerselva. *Storgata 55 | Tel. 22 99 75 00 | www.anker-hotel.no | Bus 30, 31, Straßenbahn 11, 12, 13, 17: Hausmanns gate*

COCHS PENSJONAT [105 E4]

Moderne, aber einfache Zimmer bietet das Haus nahe dem Schloss. Nicht alle 88 Zimmer haben Dusche und WC. Auch das Frühstück ist nicht inbegriffen, im studentisch geprägten Café nebenan bekommen die Übernachtungsgäste aber Rabatt auf das Frühstücksbüfett. *Parkveien 25 | Tel. 23 33 24 00 | www.cochspensjonat.no | Straßenbahn 12: Welhavens gate*

MS INNVIK/ ART BED & BREAKFAST ★ [112 B3]

Im Osloer Hafen fest vertäut liegt die MS Innvik. Das Schiff ist Kulturinstitution, Theater und Café, aber auch eine günstige Unterkunft. 12 Fensterkabinen – Einzel- oder Doppelkabine – können gemietet werden. Direkter Nachbar ist die neue Oper. *Langakai, Bjørvika | Tel. 22 41 95 00 | www.msinnvik.no | alle Bus-, Straßenbahn- und T-Bahn-Linien nahe Oslo S*

>LOW BUDGET

> *Hytter,* kleine, einfache Campinghütten, werden auf dem *Bogstad Campingplatz* [115 E2] westlich von Holmenkollen vermietet, was vor allem für Familien oder Gruppen günstig ist (ab 55 Euro). Der Bus hält direkt am Campingplatz. *Ankerveien 117 | Tel. 22 51 08 00 | www.bogstadcamping.no | Bus 32: Bogstad Camping*

> Dank des norwegischen *Allemannsretten,* des Jedermannsrechts, dürfen Sie nach bestimmten Regeln auf staatlichem Grund übernachten. Also Tagesfahrkarte kaufen und beispielsweise zur Insel *Hovedøya* fahren, dort ein Plätzchen an einer Bucht mit Blick auf die Stadt suchen und im Zelt oder nur im Schlafsack übernachten. Das sommernächtliche Oslo und dann die Stadt in der frühen Morgensonne: ein unvergessliches Postkartenmotiv!

HOTEL MUNCH [106 A5]

Munchs Bilder sind teuer, das Hotel gleichen Namens dagegen bietet Qualität zum erschwinglichen Preis. 180 unterschiedlich große Zimmer, einfach, aber stilvoll möbliert. Das Frühstücksbüfett ist reichhaltig. Das Hotel liegt recht zentral gleich hinter dem Regierungsviertel. *Munchs gate 5 | Tel. 80 01 36 33 | www.thonhotels.no/munch | Straßenbahn 11, 17, 18: Tinghuset*

PERMINALEN [111 F2]

Bis heute Unterkunft von in Oslo stationierten Soldaten. Erwarten Sie nicht mehr als ein schmales, nüchtern eingerichtetes Zimmer in einem Hochhaus. Vorteile: zentral und trotzdem ziemlich ruhig gelegen. *200 Zi. | Øvre Slottsgate 2 | Tel. 23 09 30 81 | www.perminalen.com | Straßenbahn 12: Christiania torv*

RESIDENCE KRISTINELUND [104 A4] Insider Tipp

Wohnen wie die reichen Osloer im Westteil der Stadt, doch weitaus günstiger: Das Bed & Breakfast in der Residence Kristinelund macht's möglich. Die Villa von 1916 liegt am Rand des Botschaftsviertels am Ende der Bygdøy Allee. Die Stadtmitte ist ein Stückchen entfernt, dafür liegt die Museumsinsel Bygdøy mit ihren Sehenswürdigkeiten näher. *24 Zi. | Kristinelundsveien 2 | Tel. 40 00 24 11 | www.kristinelund.no | Bus 20, 30, 31: Olav Kyrres plass*

JUGENDHERBERGEN & HOSTELS

Insider Tipp

BUDGET HOTEL [112 B2]

Bei Backpackern die Topadresse für Oslo: Einfacher Standard in kleinen, aber sauberen und funktionellen Zimmern zu günstigen Preisen in einem hübschen Bürgerhaus ganz zentral zwischen Akershus Festning und Parlament. Wer rechtzeitig bestellt, wohnt für ganze 11 Euro. *54 Zi. | Prinsens gate 6 | Tel. 22 41 36 10 | www.budgethotel.no | alle Bus-, Straßenbahn- und T-Bahn-Linien nahe Oslo S*

An Deck noch ein Glas mit Blick auf die Oper nehmen und dann müde in die Koje sinken: MS Innvik

VANDRERHJEM HARALDSHEIM [103 F5]

Die Zimmer erinnern eher an eine Schiffskabine auf der Fähre nach Oslo, doch die Jugendherberge liegt hoch über der Stadt im Stadtteil Grefsen fast schon am Stadtrand. *69 Betten | ab 30 Euro pro Nacht/Bett | Haraldsheimveien 4 | Tel. 22 22 29 65 | www.haraldsheim.no | Bus 31, 32, Straßenbahn 17: Sinsenkrysset, T-Bahn 4, 6: Sinsen*

VANDRERHJEM HOLTEKILEN [0]

Insider Tipp

Für eine Jugendherberge zwar recht teuer (ab 30 Euro pro Nacht), aber sehr schön nahe dem Oslofjord gelegen. Im Preis sind das Frühstück und viel Grün in der Umgebung inbegriffen. *200 Betten | Michelets vei 55 | Tel. 67 51 80 40 | www.vandrerhjem.no/osloholtekilen | Bus 151, 153, 161, 162, 252, 261 ab Stadtmitte: Kveldsroveien, Zug Richtung Drammen ab Oslo S: Stabekk*

KÜHE, KAIMANE UND KINDERKUNST

Wo kindliche Werke ein eigenes Museum bekommen, ist auch Ihr Nachwuchs bestens aufgehoben

> Wie alle Skandinavier sind die Norweger ausgesprochen kinderfreundlich. Die Jüngsten werden überall ernst genommen und aktiv einbezogen. Frauen und Männer kümmern sich weitgehend gleichberechtigt um den Nachwuchs. Selbstverständlich sind Kinderstühle in den Restaurants, die meisten bieten auch Kinderspeisekarten. Die Parks der Stadt (die allermeisten mit Spielplätzen) sind beliebte Ziele und Treffpunkte für Kinder; im Stadtgebiet ist fast immer einer in Reichweite.

Insider Tipp

BADEN AUF OSLOS INSELN [115 F3]

Alle drei großen Inseln im Oslofjord – Hovedøya, Langøyene und Gressholmen – laden im Sommer zum Baden ein. Besonders für Familien geeignet sind Langøyene und Gressholmen, die eigentlich aus drei Inseln besteht. Der Badeplatz im Naturschutzgebiet liegt auf Rambergøya und ist in rund 10 Minuten von der Hauptinsel Gressholmen aus zu erreichen. Ein Restaurant gibt es auch auf Gressholmen. Die Fähre Nr. 93 braucht vom Anleger Vippetangen südlich der Akershus-Festung rund 15 Minuten zur Insel. Abfahrtszeiten entnehmen Sie dem Fahrplan *(ruter)* der Osloer Verkehrsbetriebe. Zum langen Sandstrand von Langøyene gehören eine große Liegewiese, Kiosk und WC. Von Vippetangen bringt die Fährlinie 94 die Badegäste nach Langøyene. *Inselticket (øybilletten) Erw. 40, Kinder 20 NOK*

BOGSTAD GÅRD [115 E2]

Ein Bauernhof in kommunaler Regie mit Schafen, Kühen, Pferden, Hühnern und Kaninchen, ökologischem Gemüseanbau und viel Platz für Kinder. Für die Erwachsenen bleibt genug Zeit, sich den prachtvollen Herrenhof näher anzuschauen – die regelmäßigen Führungen dort *(Di–Sa 13, 14, So 12.30, 13.30, 14.30, 15.30 Uhr | 60 NOK)* gibt es leider nur auf Norwegisch. In jedem Fall sollten Sie für den Ausflug aufs Land einen ganzen Nachmittag einplanen. *Di–So 12–16 Uhr | Eintritt frei | Sørkedalsveien 826 | www.bogstad.no | Straßenbahn 2 bis Røa, dann Bus 41 bis Sørkedalen*

> MIT KINDERN UNTERWEGS

sider ipp

INTERNASJONAL BARNEKUNSTMUSEUM [0]

Ein ungewöhnliches Museum mit ungewöhnlicher Zielsetzung: Kinderkunst aus aller Welt zu sammeln, zu erhalten und zu vermitteln – und neue Kunst zu schaffen. Das passiert vor allem in der Werkstatt, in der sich Kinder in verschiedenen Techniken ausprobieren können. Dazu gibt es Tanz, Gesang und Spiel. Erwachsene dürfen mitmachen, haben aber nicht viel zu sagen. Der Garten des Museums ist ein kleines Fantasien, in dem sich viele junge Künstler austoben durften. *Di–Do 9.30 bis 14, So 11–16 Uhr | Erw. 50, Kinder 30 NOK | Lille Frøens vei 4 | www.barnekunst.no | T-Bahn 1: Frøen*

REPTILPARK [106 B4]

Der Papagei heißt Junior, der Kaiman Brutus und der Leguan Charlie. Sie und ihre mehr oder weniger harmlosen Freunde sind im Osloer Reptilienpark zu Hause. *Berühren verboten* heißt es auch für Spinnen, Insekten, Frösche oder Schlangen, die übrigens – wer dies in seinem Ferienplan berücksichtigen kann – immer dienstags um 17 Uhr gefüttert werden. *April–Aug. tgl. 10–18 Uhr | Erw. 80, Kinder 50 NOK | St. Olavs gate 2 | www.reptilpark.no | Bus 37: Nordahl Bruns gate*

TUSENFRYD [115 F4]

Norwegens größter Familienpark Tusenfryd liegt rund 20 km südlich von Oslo und bietet 33 verschiedene, mehr oder weniger halsbrecherische Attraktionen – vom beschaulich drehenden Karussell bis zur rasanten Fahrt mit Nordeuropas größter Achterbahn *Thunder Coaster* oder dem im Wasser endenden *Super Splash:* Selbst die Erwachsenen werden hier wieder zu Kindern. *Juli–Aug. tgl. 10.30–19 Uhr, sonst stark variierende Zeiten | Tagesticket unter 95 Größe cm frei, unter 120 cm 255, über 120 cm 320 NOK | www.tusenfryd.no | E 18 Richtung Süden, Abfahrt Vinterbro, dann ausgeschildert; Bus vom Busterminal Oslo während der Öffnungszeiten alle 30 Min., Erw. 40, Kinder 25 NOK*

> AN FLUSSUFERN UND AUF INSELN

Ob Industrie- oder Schifffahrtsgeschichte, in Oslo verbindet sich auch die Spurensuche immer mit einem Naturerlebnis

Die Spaziergänge sind auf dem hinteren Umschlag und im Cityatlas grün markiert

1 VON DER INDUSTRIE ZUR IDYLLE: AN OSLOS LEBENSADER ENTLANG

Das touristische Herz der Stadt hinter sich lassen, ein bisschen Stadtnatur erleben und gleichzeitig Norwegens Industriegeschichte durchschreiten – das bietet Ihnen dieser ca. 2,5-stündige Spaziergang, der beim Besuch der empfohlenen Sehenswürdigkeiten auch gut einen halben Tag dauern kann. Seit dem 16. Jh. war das Flüsschen Akerselva die wirtschaftliche Pulsader des industriellen Christiania (Oslo). Zunächst säumten Sägewerke und Papiermühlen beide Uferseiten, später dann Werkstatt- und Textilbetriebe. In vielen der ehemaligen Industriegebäude haben sich heute Hightech- und Kulturbetriebe angesiedelt. So konnten sich die Flussufer und deren Umgebung auf der ganzen Länge zu einem Paradies für Natur- und Sportfreunde, aber auch für Kulturinteressierte entwickeln. An einem schönen Sommertag gehört unbedingt Ihr Badezeug in den Rucksack.

Bild: Åmot-Hängebrücke

STADT SPAZIERGÄNGE

Der Spaziergang beginnt an der U-Bahnstation **Grønland** *(T-Bahn 1–6)* und verläuft am rechten Flussufer. Schon kurz nach Verlassen der Betonwüste rund um die U-Bahnstation begegnen Sie dem für die Stadtteile am Akerselva typischen Gegensatz: Industriegebäude und Gewerbe auf der einen Flussseite, Parklandschaft und Natur auf der anderen.

Unter der Hausmannsbrücke hindurch geht es weiter bis zur **Ankerbrücke**. Hier lohnt es sich, zur Brücke hochzugehen. Sie ist mit vier Bronzeskulpturen mit Motiven aus norwegischen Volksmärchen des Künstlers Dyre Vaa ausgeschmückt. Machen Sie einen Abstecher über die Brücke zum anderen Ufer. Hier liegt das *Norwegische Design- und Architekturzentrum (Mo, Di, Fr 10–17, Mi/Do 10–20, Sa/So 12–17 Uhr | Eintritt frei | Hausmannsgate 16)*. Das Zentrum ist in einer ehemaligen Trans-

Insider Tipp

Insider Tipp

formatorenstation untergebracht, ein schönes Beispiel für die Verwandlung der Industrielandschaften am Fluss.

Gehen Sie über die Ankerbrücke wieder aufs rechte Flussufer hinüber und setzen Sie den Spaziergang dort fort. An der Straße **Brenneriveien** wird es am Flüsschen noch einmal richtig städtisch eng. Am linken Ufer liegt das bekannte Jazzlokal **Blå** *(S. 67)*. An Sonntagen lohnt sich der Abstecher über die Fußgängerbrücke hinüber, dann werden dort von 12 bis 17 Uhr Kunsthandwerk und Gebrauchsgegenstände verkauft.

Schon bald führt der rechtsseitige Flussuferweg zu **Nedre Foss**, dem unteren Wasserfall. Bis hierher war der Fluss früher schiffbar. Von etwa 1200 bis 1985 gab es an dieser Stelle eine Kornmühle. Das weithin sichtbare Silo ist letztes Zeugnis des Mühlenbetriebs, heute sind dort Studentenwohnungen eingerichtet.

Etwas weiter oben erreichen Sie die Umgebung von **Kuba**, dort wechseln Sie über die Holzbrücke die Flussseite. Kuba heißt das Gebiet nicht etwa wegen der vielen spontanen Sommerpartys, politischen Kundgebungen und Konzerte, die in hellen Sommernächten fast karibische Stimmung verbreiten, sondern weil hier einmal ein Gaswerk stand, dessen Heizkessel eine kubische Form hatte.

Durch den Park von Kuba geht es hoch zur **Åmot-Hängebrücke**, über die Sie wieder zum rechten Flussufer hinüberwechseln. Sie stand ursprünglich in Modum westlich von Oslo, wurde aber in Grünerløkka wieder aufgebaut. Nach einem steilen An-

Abends Musik, sonntagnachmittags Kunst, Kitsch und Krempel: Flohmarkt beim Jazzlokal Blå

stieg erreichen Sie **Øvre Foss**. Der obere Wasserfall ist wohl der schönste am Fluss Akerselva.

Um das **rote Haus am Wasserfall** herum lagen einst die Herzstücke der Industrialisierung entlang des Akerselva – die Spinnereien *Hjula* und *Graah* und einige Hundert Meter weiter oben die mechanische Werkstatt *Myhren,* die Maschinen für die Betriebe am Akerselva herstellte. An den Werkstätten lohnt sich ein Abstecher nach rechts zum **Oscar Braatens Platz** und ins Insider Tipp *Vertshus Oscar Braaten (Tel. 22 38 17 40 | €).* Wer sich jetzt stärken muss: Auf der durch und durch norwegischen Karte steht auch das deftige Wanderfrühstück *torshov-frokost* aus Kartoffeln, Eiern und Speck – mit oder ohne Bier.

Kurz vor dem Viertel Nydalen folgt der Spazierweg nicht mehr ganz dem Flusslauf. **Nydalen** ist heute ein moderner Stadtteil mit Schulen, Hotels und eigener U-Bahnstation. Kurz hinter Nydalen überqueren Sie wieder den Fluss, der jetzt schon eher einem Gebirgsbach ähnelt. Halten Sie sich links, biegen Sie kurz danach rechts ab und dann zum Nydalsdamm, wo sich der Akerselva rauschend hinunterstürzt. Am Fuß bildet er einen kleinen Teich Insider Tipp mit idyllischem Badeplatz auf der anderen Seite des Ufers.

Obwohl eigentlich noch auf städtischem Gebiet, fühlt man sich abgeschieden und von idyllischer Natur umgeben. Wer an einem Sommerabend spazieren geht, kann mit ein wenig Glück in dem ruhig fließenden Bach sogar Biber oder zumindest deren Bauwerke entdecken.

Das **Technische Museum** *(20. Juni bis 20. Aug. tgl. 10–18, sonst Di–Fr 9–16, Sa/So 11–18 Uhr | 80 NOK | www.tekniskmuseum.no)* bietet die Möglichkeit, die Eindrücke des Spaziergangs noch einmal gebündelt zu sehen: einen anschaulichen Rückblick auf die Industrialisierung des Akerselva, aber auch einen Blick auf die von der Erdölindustrie geprägte Gegenwart Norwegens.

Gleich gegenüber dem Technischen Museum, auf der anderen Seite der Bahngleise, liegt die Bahnstation Kjelsås. Von dort bringt Sie die Linie 54 zur Hauptverkehrszeit alle sechs Minuten zurück ins Stadtzentrum.

2 UNTERWEGS AUF DER MUSEUMSINSEL BYGDØY

Fjordluft schnuppern, norwegische Geschichte einatmen. Die Halbinsel Bygdøy im Südwesten der Stadt lädt zu einem Ausflug in die norwegische Volkskultur und zur Begegnung mit den wahren Helden des Landes ein – die sich offenbar allesamt auf dem Wasser am wohlsten fühlten. Da passt es, diesen Halbtagesspaziergang mit einer Schifffahrt zu beginnen. Bygdøy bietet außer prachtvollen Villen und bewaldeten Fjordufern viele versteckte Badeplätze – und eine ganze Handvoll spannender Museen. Packen Sie also Handtuch und Badehose ein. Verlaufen können Sie sich auf Bygdøy nicht, die Sehenswürdigkeiten sind ausgeschildert.

Der perfekte Rahmen: Himmel und Fjord sind blau, nach einer viel zu kurzen Sommernacht ist die Fahrt mit der *Bygdøy-Fähre (Nr. 91 ab Rathausanleger 3 | März–Okt. tgl. 8.45 bis 20.45 Uhr | 20 NOK),* Insider Tipp wenn Sie einen Platz auf dem schmalen Vorderdeck ergattern, so erquickend wie eine Morgendusche. Nur ein paar

Schritte vom Anleger sind Sie schon mittendrin in Norwegens stolzer Polargeschichte. Mit dem **Einmaster Gjøa**, einem gut 21 m langen, bauchigen Schoner, der hier auf der Wiese aufgedockt ist, durchquerten Roald Amundsen und seine sechs Besatzungsmitglieder zwischen 1903 und 1906 die Nordwestpassage. Die *Gjøa* gehört zum norwegischen **Schifffahrtsmuseum**, das links dahinter liegt *(Mitte Mai–Ende Aug. tgl. 10–18, sonst tgl. 10.30–16, Do bis 18 Uhr | 40 NOK)*. Wichtigstes Exponat ist das sorgsam restaurierte *Stokke-Boot* aus dem 2. Jh. v. Chr. – das älteste in Norwegen gefundene Wasserfahrzeug. Während die *Gjøa* im Freien stehen muss, baute man bereits 1936 ein Museum für das wohl berühmteste Holzschiff der Welt.

Rechts vom Schifffahrtsmuseum ist die **Fram** in dem größeren der beiden Dreiecksbauten zu Hause. Zwischen 1893 und 1912 segelte der Schoner mit dem extrem breiten und massiven Rumpf durch die unwirtlichsten Meeresgebiete nahe der beiden Pole. Drei Jahre lang ließ sich Fridtjof Nansen mit seiner Mannschaft vom Packeis treiben, 1895 brach er mit dem Meteorologen Hjalmar Johansen auf Skiern zum Nordpol auf. Dieser Versuch scheiterte zwar, aber dennoch war die Rückreise an Bord der *Fram* entlang der norwegischen Küste 1896 ein Triumph, schließlich hatten Nansen und seine Crew bis dahin unberührte Eiswüsten entdeckt und darin überlebt. 1898 wählte Otto Sverdrup das Schiff für seine Grönland-Expedition, und 1912 steuerte Roald Amundsen an Bord dieses Schoners die Antarktis an, um mit Hundeschlitten als Erster den Südpol zu erreichen. Kurz gesagt: Norwegens große Polargeschichte auf einem einzigen Schiff. An Bord bekommen auch die Museumsbesucher eine Ahnung vom harten Alltag in der Eisöde *(Juni–Aug. tgl. 10–18, Sept.–Okt./März–Mai tgl. 10–16, Nov.–Feb. 10–15 Uhr | 50 NOK)*.

Eine halbe Stunde im Freien, vielleicht eine kleine Mahlzeit am sandigen Fjordufer oder auf der Wiese davor – zur Mittagszeit ist es in diesem Teil von Bygdøy touristisch überlaufen, eine Pause deshalb ratsam. Genießen Sie die Aussicht!

Bevor Sie sich ins Innere der Insel aufmachen, sollten Sie im **Kon-Tiki-Museum** *(Juni–Aug. tgl. 9.30–17.30 Uhr, April/Mai/Sept. 10–17, Okt. bis März 10.30–16 Uhr | 60 NOK)* vorbeischauen, das einem der bekanntesten und umstrittensten Wissenschaftler Norwegens gewidmet ist, Thor Heyerdahl. Mit dem berühmten Balsafloß *Kon-Tiki* segelte Heyerdahl 4300 Seemeilen von Südamerika über den Pazifik nach Polynesien. Ganze 57 Tage brauchte er mit dem Papyrusschiff *Ra II* für die Strecke zwischen Marokko und Barbados. Zusammen mit zahlreichen Statuen von der Osterinsel und einem Modell des Schilfflοßes *Tigris,* mit dem Heyerdahl 1977 von Euphrat und Tigris über den Indischen Ozean bis zum Horn von Afrika segelte, sind sie die wichtigsten Exponate des Museums.

500 m westwärts und weitere 500 m auf dem **Langviksveien** genügen, um festzustellen, dass Bygdøy die Insel der reichen Osloer ist. Imposante Villen liegen umgeben von Gärten und Parks, hier ist alles sehr gepflegt

und etwas versteckt. Ländliche Idylle so nah an der Hauptstadt – kein schlechter Platz für den Rückzug ins Private. Besonders interessant sind hier jedoch **Oseberg-, Gokstad- und Tuneschiff**. Diese drei Fahrzeuge aus der Wikingerzeit wurden im letzten Jahrhundert am südöstlichen Ufer des Oslofjords gefunden, stehen heute im ★ *Vikingskipshuset,* dem Wikingerschiffmuseum, und geben anschaulich Aufschluss über Totenkult, Gebrauchsgegenstände, Waffen und Kleider der angeblich so kriegerischen Vorfahren der Norweger *(Mai–Sept. tgl. 9–18, Okt.–April tgl. 11–16 Uhr | 50 NOK)*. Hier könnte der Ausflug in die Geschichte enden, wartete nicht zwei Steinwürfe weiter nördlich das **Norsk Folkemuseum** *(Mitte Mai–Mitte Sept. tgl. 10–18, Mitte Sept.–Mitte Mai Mo–Fr 11–15, Sa/So 11–16 Uhr | 95 NOK),* das Volksmuseum, Norwegens größtes Museum. Gehen Sie auf Zeitreise zu Bautraditionen, Trachten und Handwerkskunst aus sieben Jahrhunderten in dem nach Regionen angeordneten Freilichtmuseum mit mehr als 150 Gebäuden – Stabkirche und Bauernhöfe, Handwerksbetriebe und Stadthäuser. Drum herum gibt es Volkstanz, traditionellen Gesang und viele Aktivitäten. Ein Sommertag im Volksmuseum ist Norwegen pur und ein Riesenspaß auch für Kinder.

Berühmter Schoner: Auf der Fram spielte sich Norwegens gesamte Polargeschichte ab

Vor allen Sehenswürdigkeiten auf Bygdøy hält der Linienbus. Sie warten nie länger als 10 Minuten, die Fahrt in die Stadtmitte dauert rund 20 Minuten.

EIN TAG IN OSLO

Action pur und einmalige Erlebnisse.
Gehen Sie auf Tour mit unserem Szene-Scout

MEHR ALS KNÄCKEBROT

9:00

Eine Brotkultur gibt es nur in Deutschland? Falsch gedacht! Zumindest bei *Godt Brød* werden ökologische Zutaten kräftig geknetet und kommen frisch aus dem Backofen. Der Duft einer leckeren Bolle (süßes Brot) steigt einem schon von Weitem in die Nase. **WO?** *Thorvald Meyers gate 49 | Tel. 23 22 90 40 | www.bakeverksted.no*

10:30

FJORD-TOUR

Nach einem ausgiebigen Frühstück geht es raus an die frische Luft. Ausgehend vom Rathaus mit seinen typisch roten Backsteinmauern schippert man vorbei an der neuen Oper in den Osloer Fjord mit seinen idyllischen Buchten und kleinen Inseln – das Naherholungsgebiet der Hauptstadt. **WO?** *Båtservice Sightseeing, Treffpunkt: Rathaus, Radhusbrygge 3 | Tel. 23 35 68 90 | Kosten: 230 NOK/2 Std. | www.boatsightseeing.com | April – Okt.*

LUNCH IM GRÜNEN

13:00

Direkt an der Lebensader Oslos, am Ufer des Akerselva, liegt das ruhige Restaurant *Riverside*. Im Sommer genießen Gourmets die Spezialitäten der mediterran-französischen Küche am besten auf der schönen Terrasse im Grünen. **WO?** *Markveien 67 | Tel. 22 04 11 11 | www.riverside.oslo.no*

14:00

SELBST DESIGNT

Die Inspirationen des Vormittags können Kreative jetzt gut gebrauchen. Mit Pinsel und Farbe verzieren sie im *Glazed & Amused* Tassen, Teller und Co. ganz nach Gusto. Ein perfektes Mitbringsel! **WO?** *Markveien 25 | Tel. 22 71 44 00 | Kosten: ab 95 NOK | www.glazedandamused.no*

SHOP & SNACK

15:30

Sinne auf Bereitschaft stellen. In den *Basarhallene* gibt es einigesl zu Sehen, Riechen und Schmecken. In den vielen kleinen Geschäften, die in den alten Hallen untergebracht sind, werden Antiquitäten und Kunsthandwerk feilgeboten und Cafés und Restaurants locken mit leckeren Snacks. **WO?** Kirkeristen 1

19:00

ROMANTIK ODER ACTION?

Je nach Saison bietet Oslo in den Abendstunden den perfekten Zeitvertreib: Im Sommer genießen Mutige beim Skydiven einen atemberaubenden Blick über den Fjord. Im Winter heißt es Romantik pur in der Eisdisko. **WO?** *Eislaufbahn Narvisen, Spikersuppa Park, Karl Johan gate | Kosten: Schlittschuhe: 45 NOK | Tel. 95 70 95 05 | Dez. – März | Skydiven: HeliWing | Anmeldung unter Tel. 92 60 89 09 | Kosten: 3.500 NOK | www.heliwing.no | S., So, April – Okt.*

MENÜ

21:00

Hunger? Perfekt, denn in dem nostalgischen Dampfschiff *D/S Louise* wartet ein maritimes Dinner. Weiß-rote Rettungsringe an den Wänden und Miniatursegelschiffe garantieren das richtige Ambiente für ein Dinner aus Fisch und Meeresfrüchten. **WO?** *Stranden 3 | Reservierung unter Tel. 22 83 00 60 | www.dslouise.no*

23:00

NIGHTLIFE

Zum Osloer Nightlife gehört zumindest eine Liveband. Also ab ins *Smuget*! Auf den zwei Bühnen messen sich Nachwuchsmusiker und etablierte Rock- und Indiebands. Anschließend wird der Dancefloor der angeschlossenen Disco gestürmt! **WO?** *22 Rosenkrantz gate | Tel. 22 42 52 62 | www.smuget.no*

> MACHEN SIE DOCH MAL BLAU!

Wer Oslo den Rücken kehrt, kann erfahren wie aus Kobalterz kostbare Farbe wird. Oder in Drøbak den Oslofjord aus der Kleinstadtperspektive genießen

1 GRÜNE UND BLAUE WELT: BLAAFARVEVÆRKET

[115 D2] Blau schimmerte in Blaafarveværket einst das Kobalterz, Rohstoff für das Kobaltblau, mit dem Glas und Porzellan verziert wurden. Der Fabrikrauch hat sich längst verzogen, und der Ausflug in das Freilichtmuseum kombiniert wunderschöne Flussnatur mit Industriegeschichte und Kunstgenuss. Die Fahrt dauert mit dem Auto eine, mit dem Bus 1,5 Stunden.

Bild: Hafen von Drøbak

Verlassen Sie Oslo auf der Europastraße 18 westlich in Richtung Drammen. Oder nehmen Sie den Bus vom Busterminal, der gleich hinter dem Hauptbahnhof Oslo S liegt. Im Sommer fährt der *Timekspressen*-Bus *(So–Fr 9.20 und tgl. 10.20 Uhr, Rückfahrt ab Blaafarveværket 17 Uhr | Kombiticket inkl. Eintritt 310 NOK, beim Busfahrer erhältlich)* vom Busterminal nach Åmot. Dort haben Sie dann direkten

AUSFLÜGE & TOUREN

Anschluss nach Modum zum Blaafarveværket.

Hinter der Stadt **Drammen** (61 000 Ew.) folgt die Landesstraße 283 den Ufern und Auen des Flusses Drammenselva. Ab Hokksund geht es auf der Europastraße 35 weiter bis Åmot, von dort sind es noch etwa 5 km bis Blaafarveværket.

Schon die Landschaften in und um **Blaafarveværket** sind ein Erlebnis. Wie ein grüner, norwegischer Sommertraum liegt die Anlage am malerischen Fluss Simoa. In dem Werk *(Juni–Aug. tgl. 11–18 Uhr | Eintritt frei | www.blaa.no)* wurde bis 1857 Kobaltblau industriell gefertigt und anschließend in die ganze Welt exportiert. Die Ausstellung in der früheren Glashütte zeigt die Veredelung vom Kobalterz zum Kobaltblau *(gratis Infobroschüre am Eingang)*. Im Haus nebenan stehen Werke nordischer Maler im Mittelpunkt *(Eintritt 70*

NOK, mit Kombiticket inkl.). Knappe zehn Minuten dauert der Spaziergang auf ausgeschilderten Wegen zum Direktorenhaus. Auch dort erwartet die Besucher ein Kunsterlebnis: In der Scheune des prachtvollen Herrenhofs stellen vorwiegend nordische Künstler ihre Gemälde aus *(95 NOK, mit Kombiticket inkl.)*.

Wer Körper und Geist anschließend noch etwas Gutes tun möchte, spaziert zum mächtigen Wasserfall **Haugefoss** – einst Kraftquelle der Industrie, heute ein wunderschönes Naturerlebnis. Eine Brücke führt über den Fluss, und ein Stückchen flussabwärts liegt ein geschützter Badeplatz. Ein kühles Bad gehört an warmen Sommertagen einfach dazu.

Insider Tipp

Das Roherz für das Kobaltblau stammte aus den Gruben von Skuterudåsen, die 8 km vom Werk entfernt liegen. **Malmveien** (Erzweg) zwischen dem Wasserfall am Werk und den **Kobaltgruben** ist Teil des Museumserlebnisses. Wer ein Auto und Zeit hat, sollte unbedingt bis zu den Gruben fahren. Links und rechts säumen malerische Picknickplätze und kleine Seen den Weg, die offenen Steinbrüche und der **Clarastollen** sind von einer urigen Kulturlandschaft eingerahmt. Die 1,5 km lange Wanderung unter Tage dauert gut eine Stunde *(Di–Sa 11–17, So 11–18 Uhr | 80 NOK)*. Gleich neben den Gruben liegt das *Theodor-Kittelsen-Museum:* Viele sehen in Theodor Kittelsen Norwegens Nationalmaler, seine phantasievollen und urigen Darstellungen von Trollen, Wassergeistern und Zwergen begeistern Jung und Alt gleichermaßen *(Di–Sa 11–17, So 11 bis 18 Uhr | 55 NOK)*.

Insider Tipp

2 FJORD UND KÜSTE PUR – NACH DRØBAK

[115 E4] Die Kleinstadt Drøbak und die Inselfestung Oscarsborg im Oslofjord stehen für maritime norwegische Kultur, die einstündige Busfahrt nach Drøbak bietet zudem einen kleinen Querschnitt durch ostnorwegische Landschaften. Natur und Strände auf Oscarsborg sind ein Genuss, das Badezeug gehört also ins Gepäck. Planen Sie für den Ausflug einen ganzen Tag ein.

Der Bus 541 fährt halbstündlich von der Station vor Oslo S Richtung Drøbak *(78 NOK/Strecke)*. Er fährt Richtung Süden, lässt den Bunnefjord rechts liegen und führt durch ostnorwegische See- und Waldlandschaften. Hinter Vinterbro kurvt der Bus durch leicht hügeliges Agrarland.

In ★ *Drøbak* hält der Bus in der Stadtmitte am *torg* (Markt). Das Zentrum des Küstenorts (12 000 Ew.) besticht durch malerische Holzhäuser und viele schöne Gärten. Der kleine Freizeit- und Fischerhafen ist quasi das zweite Zentrum Drøbaks. Hinter dem großen roten Gebäude der Touristeninformation liegt die Anlegestelle für die *Fähre nach Oscarsborg (stdl. | 50 NOK hin u. zurück)*. Wer vorher wissen will, welche Fische sich im Fjord vor Drøbak tummeln, besucht das **Aquarium** im selben Gebäude *(Juni–Aug. tgl. 10–19 Uhr | 40 NOK)*. Vor Fährabfahrt bietet sich ein Strandpicknick an, fangfrische Garnelen, *reker (60 NOK/Becher)*, bekommen Sie am kleinen Hafen.

Insider Tipp

Oslos Gründer Christian IV. legte die ersten Befestigungswerke um den engen Sund von Drøbak an. Nach und nach entstand ein **Kanonenfort** im Sund. Der Ausbau der Inselfestung von

Oscarsborg war 1893 mit der Ausrüstung mit drei 28-cm-Kanonen fast abgeschlossen, um die Jahrhundertwende kam noch eine Torpedobatterie dazu. Ironie der Geschichte: Kugeln dieser von Krupp gelieferten Kanonen versenkten am 9. April 1940 den deutschen Kreuzer „Blücher" und rissen 1000 deutsche Seeleute in den Tod.

Die liebliche Natur der beiden Inseln **Søndre** und **Nordre Kaholmen**, die die Festung **Oscarsborg** bilden, lässt die kriegerische Vergangenheit schnell vergessen. Oscarsborg ist heute ein beliebtes Ausflugsziel, hier wird gebadet, geangelt und spazieren gegangen. Wer die Brücke zur Nordinsel überquert, findet dort drei schöne Badeplätze.

Auf der Südinsel liegen das Fort und die militärischen Anlagen. In der ehemaligen Kaserne ist heute ein **Spa Hotel mit Restaurant** untergebracht *(85 Zi. | Tel. 64 90 40 00 | www.oscarsborghotel.no | €€€)*. Nach der Besichtigung von Schutzwall und Kanonen passt ein Besuch des **Festungsmuseums** im Fort. Es informiert über den deutschen Angriff auf Oslo am 9. April 1940 und die Geschichte der Festung *(geöffnet während der Fährzeiten | Eintritt frei)*.

Machen Sie eine Pause im **Kafé Oscar** am Ostufer, essen Sie eine norwegische Waffel mit Marmelade, und nutzen Sie die Gartenplätze als Loge, um den Schiffsverkehr an der Festung vorbei zu beobachten.

Die Rückreise können Sie natürlich auf dem gleichen Weg machen wie die Hinfahrt. Wirklich rund ist der Ausflug aber erst, wenn Sie in der Hochsaison das Expressschiff von Oscarsborg zurück nach Nesodden und weiter nach Oslo nehmen *(wechselnde Abfahrtszeiten, in der Touristeninformation am Hafen von Drøbak erfragen oder unter www.trafikanten.no)*.

Kleine Insel, große Vergangenheit: Die Festung Oscarsborg schützte Oslo vor Eindringlingen

> VON ANREISE BIS ZOLL

Urlaub von Anfang bis Ende: die wichtigsten Adressen und Informationen für Ihre Osloreise

ANREISE

AUTO UND FÄHRE

Oslobesucher wählen gern den Weg übers Wasser, mit der Direktfähre Kiel–Oslo (*20 Std. | Autopakete für 4 Pers. ab 460 Euro, Hauptsaison 540 Euro | www.colorline.de*) oder über andere Fährverbindungen von/nach Deutschland, Dänemark bzw. Schweden (*Kiel–Göteborg und Fredrikshavn–Oslo unter www.stenalines.de*). Ohne Fähre geht es mit dem Auto über Kolding, die Inseln Fünen und Seeland in Dänemark nach Malmø und von dort Richtung Norden bis Oslo. Dabei sind Mautgebühren über den Großen Belt *(29 EUR)* und den Öresund *(30 EUR)* fällig.

BAHN

Ein trauriges Kapitel sind die internationalen Zugverbindungen von und nach Oslo. Die Fahrt ab Hamburg über Kopenhagen und Malmø dauert 20 Stunden, Ankunft am Hauptbahnhof *Oslo Sentralstasjon (Oslo S)*. Preislich lohnt sich nur das Interrail-Ticket *(ca. 260 EUR)*.

FLUGZEUG

Den Osloer Flughafen Gardermoen (40 km nördl.) fliegen SAS, Lufthansa und Norwegian von mehreren deutschen Flughäfen aus an. Ab Zürich fliegt außer SAS auch Swiss International Airlines, Austria fliegt von Wien direkt nach Oslo. Norwe-

PRAKTISCHE HINWEISE

gian steuert von Berlin-Schönefeld außer Gardermoen auch den neuen Flugplatz Rygge 70 km südöstlich Oslos an, RyanAir von mehreren deutschen Flugplätzen aus den Landeplatz Torp/Sandefjord (100 km westl.). Zwischen Gardermoen und Oslo fährt im 10-Minuten-Takt ein Hochgeschwindigkeitszug *(einfache Fahrt 180 NOK),* der Bus Rygge–Oslo kostet 120 NOK *(hin u. zurück 210 NOK),* die Busfahrt Torp–Oslo dauert gut 100 Minuten und kostet 220 NOK *(hin u. zurück 290 NOK).*

AUSKUNFT VOR DER REISE

VISIT NORWAY

ABC-Str. 19 | 20354 Hamburg | Tel. 0180/500 15 48 | www.visitnorway.de

Weitere Informationen unter *www.visitoslo.com/de*

AUSKUNFT

TRAFIKANTEN

am Hauptbahnhof [112 B2] *| Jernbanetorget 1 | Tel. 81 53 05 55; am Rathaus* [111 E2] *| Fridtjof Nansens plass 5; am Anleger für Kreuzfahrtschiffe bei der Akershusfestung* [111 E3] *| während der Schiffsanläufe im Sommer geöffnet*

DIPLOMATISCHE VERTRETUNGEN

DEUTSCHE BOTSCHAFT [105 D4]

Oscars gate 45 | Tel. 23 27 54 00 | www.oslo.diplo.de | Mo–Fr 8.30 bis 11.30 Uhr

ÖSTERREICHISCHE BOTSCHAFT [104 B5]

Thomas Heftyes gate 19–21 | Tel. 22 55 23 48 | oslo-ob@bmeia.gv.at | Mo–Fr 10–12 Uhr

SCHWEIZER BOTSCHAFT [104 A4]

Bygdøy Allé 78 | | Tel. 22 54 23 90 | www.eda.admin.ch/oslo | Mo–Fr 9.30 bis 12 Uhr

Bei Sonne das Schönste: ein Platz am Wasser

GELD & KREDITKARTEN

Mit einer Visacard oder Mastercard können Sie überall bezahlen, mit American Express fast überall. An den Geldautomaten *(minibank),* die es an fast jeder Straßenecke gibt, bekommen Sie mit den international üblichen Kreditkarten sowie mit Ihrer EC-Karte Bargeld. Banken haben vom 15. Mai bis 15. Aug. nur Mo–Fr 9–14.30 Uhr geöffnet, sonst Mo–Fr 9–15.30, Do bis 17 Uhr.

GESUNDHEIT

Ärztlicher Notdienst und Krankenwagen werden über Tel. 113 angerufen. Erste Anlaufstelle für Kranke und Verletzte ist die rund um die Uhr geöffnete *Oslo Legevakt (Storgata 40 | Tel. 22 93 22 93)*. Die europäische Krankenversicherungskarte EHIC sollten Sie dabeihaben, ein Eigenanteil – je nach Behandlung 130–220 NOK, Röntgen 200 NOK – ist zu entrichten. Die einzige rund um die Uhr geöffnete Apotheke in Oslo liegt am Platz vor dem Hauptbahnhof *(jernbanetorget)*.

> WAS KOSTET WIE VIEL?

> **TAXI**	**AB 10 EURO** für eine Kurzstrecke
> **CAPPUCCINO**	**AB 3 EURO** für eine Tasse im Café
> **SOUVENIR**	**CA. 24 EURO** für einen Holztrinkbecher
> **BIER**	**5–7 EURO** für 0,5 l vom Fass
> **WURST**	**3 EURO** gebrüht oder gebraten
> **CD**	**CA. 19 EURO** mit norwegischem Jazz

INTERNET

Ein guter Ausgangspunkt bei der Planung ist die Website des norwegischen Fremdenverkehrsverbands mit dem Link zur Hauptstadt *www.visitnorway.com/de/sponsored/com/articles/Oslo-Kultur-und-Naturhauptstadt/*. Eine übersichtliche Hotelsite mit ausgewogenen Besprechungen der Häuser ist *www.gtahotels.com/cities/oslo.htm* (Englisch). Gut sortiert und wirklich gehaltvoll vor allem für Kurzreisen ist die Website *www.reisen-mit-dem-internet.de/europa/norwegen-oslo.php*.

INTERNETCAFÉS & WLAN

WLAN ist in Norwegen und seiner Hauptstadt nahezu flächendeckend verbreitet. In jedem Hotelfoyer sind Internetzugänge für Besucher eingerichtet, fast jedes Café und jede Bar haben schnurlosen Webzugang; Internetcafés gibt es deshalb nur wenige. Ein großer kommerzieller Netpoint ist *Haugen nettkafé* [113 C–D2] am ZOB *(Busterminalen, Schweigaardsgate 6)*. Kostenlos surfen Sie in den Bibliotheken der Stadt.

MAUT

Bei der Einfahrt nach Oslo über die Europastraßen wird elektronisch eine Maut von 25 NOK erhoben. Barzahlung ist nicht möglich, Reisende ohne Autopass-Chip an der Frontscheibe bekommen im Normalfall später eine Rechnung zugeschickt.

NOTRUF

Die Feuerwehr wird mit *Tel. 110* gerufen, die Polizei mit *Tel. 112* und ein Krankenwagen mit *Tel. 113*.

ÖFFENTLICHE VERKEHRSMITTEL

Es gibt in der Hauptstadt ein U-Bahn-Netz *(T-bane)*, sechs Straßenbahnlinien *(trikk)*, ein paar Fährverbindungen zu den Inseln im Oslofjord hinüber und natürlich Buslinien. Einzeltickets – auch für die T-Bahn – werden im Bus oder in der Straßenbahn verkauft *(34 NOK)* und gelten bis eine Stunde. Deutlich günstiger

(24 NOK) sind die Tickets in einem Kiosk nahe der Haltestelle oder dort am Schalter. Oslo-Pass-Inhaber benutzen die öffentlichen Verkehrsmittel frei. Unter *www.trafikanten.no* gibt es einen deutschsprachigen Reiseplaner für den Osloer Regionalverkehr.

ÖFFNUNGSZEITEN

Supermärkte sind wochentags 9–21 Uhr, manche sogar bis 23 Uhr geöffnet. Samstags ist 9–16 oder bis 18 Uhr die übliche Öffnungszeit. Die meisten übrigen Geschäfte haben Mo–Fr 9–20, samstags bis 16 Uhr geöffnet.

OSLO-PASS

Freier Eintritt zu mehr als 30 Museen und öffentlichen Schwimmbädern, freie Benutzung der öffentlichen Verkehrsmittel und vor allem freies Parken auf gebührenpflichtigen Parkplätzen sind gute Gründe für Besucher, sich einen Oslo-Pass für 1, 2 oder 3 Tage zu besorgen. Weitere Boni: 20–30 Prozent Ermäßigung auf beliebte Stadtrundfahrten, Rabatt bei einigen Autovermietern und in vielen Restaurants. Den Oslo-Pass gibt es in den Touristeninformationen. Er kostet für 3 Tage 420 (Kinder 150 NOK), für 2 Tage 320 (Kinder 115 NOK) und für einen Tag 220 (Kinder 95 NOK).

PARKEN

Kostenlose Parkplätze gibt es im Stadtzentrum Oslos so gut wie gar nicht. Auf den gekennzeichneten städtischen Plätzen wird Mo–Fr 9–18, Sa 9–15 Uhr eine Gebühr erhoben. Beachten Sie, dass auf vielen Parkplätzen eine Höchstparkdauer von 3 Stunden gilt. Die gilt auch für Inhaber eines Oslo-Pass, die hier kostenlos stehen dürfen. Die vielen Parkhäuser in der Stadt sind zwar recht teuer, aber dafür sicher und unbegrenzt nutzbar. Fast alle Hotels haben eigene Stellplätze für die Fahrzeuge ihrer Gäste.

> BÜCHER & FILME

Voller Kreativpotenzial: Oslos Schattenseiten

> Norwegen-Krimis – Schon längst haben norwegische Krimis auch in deutschsprachigen Ländern viele Anhänger. Der alkoholisierte Kommissar Hole des Krimiautors Jo Nesbø zeigt uns ebenso die knallharten Schattenseiten der norwegischen Hauptstadt wie Anne Holts Kommissarin Hanne Willemsen. Auch in den Krimis der Autorinnen Karin Fossum und Unni Lindell steht Oslo im Zentrum.

> Peter und der Prof – Die Kriminalgeschichten des in Hamburg lebenden Schriftstellers Ingvar Ambjørnsen richten sich vor allem an ein jugendliches Publikum.

> Uno – Der rauen Wirklichkeit Oslos widmet sich der preisgekrönte Film (2004) des jungen norwegischen Regisseurs und Schauspielers Aksel Hennie auf eindringliche Weise (DVD mit engl. Untertiteln).

> Hawaii-Oslo – Erik Poppes Film von 2004 um den von Albträumen geplagten Vidar besticht durch wohlkomponierte Bilder in einer Filmerzählung, die sich Zeit lässt (DVD mit engl. Untertiteln).

POST

Die Postämter sind Mo–Fr 8–17 und Sa 9–15 Uhr geöffnet. Sehr viele Lebensmittelgeschäfte haben aber einen Postschalter *(post i butikk)*. Sie sind mit dem roten Logo der Post *(posten)* gekennzeichnet.

PREISE

Gute Planung spart in einer der teuersten Hauptstädte der Welt bares Geld. Hotelzimmer werden grundsätzlich mit reichlichem Frühstück angeboten, das das Mittagessen ersetzt. In der Stadtmitte gibt es kaum günstige Supermärkte, also eher am Stadtrand mit Verpflegung eindecken. Das spart den Snack zwischendurch und das Getränk in der Kneipe, beides in Oslo erschreckend teuer.

STADTRUNDFAHRTEN

Mit 540 NOK zwar ein bisschen teuer, aber wirklich gehaltvoll ist die *Grand tour of Oslo* mit Bus und Schiff *(Ende Mai–Ende Aug. tgl. 10.30–18 Uhr | Abfahrt ab Anleger 3 vor dem Rathaus | Anmeldung Tel. 23 35 68 90)*. Alle Highlights der Stadt und die wichtigsten Museen werden besucht, Höhepunkt ist die zweistündige Schifffahrt inklusive eines Garnelenbüfetts *(im Fahrpreis enthalten)*.

An der Westseite des Rathauses fahren im Sommer täglich die *Sightseeing-Busse* von *HMK* ab *(Dauer 2–5 Std. | Abfahrt 10.15 Uhr | 200 bis 365 NOK | Anmeldung unter www.hmk.no/booking, im Hotel oder bei den Touristinformationen)*.

Geht immer: die knapp einstündige *Rundfahrt mit einer Holzbarkasse* auf dem Oslofjord *(Abfahrt tgl. 10–16, Juli/Aug. bis 19 Uhr | ab Anleger 3 vor dem Rathaus | 120 NOK)*. Auf die genannten Touren gibt es Rabatt mit dem Oslo-Pass.

WETTER IN OSLO

	Jan.	Feb.	März	April	Mai	Juni	Juli	Aug.	Sept.	Okt.	Nov.	Dez.
Tagestemperaturen in °C	-2	-1	4	10	16	20	22	21	16	9	3	0
Nachttemperaturen in °C	-7	-7	-4	1	6	10	13	12	8	3	-1	-4
Sonnenschein Std./Tag	2	3	4	6	7	8	7	7	5	3	1	1
Niederschlag Tage/Monat	8	7	5	7	7	10	11	11	10	10	12	10
Wassertemperaturen in °C	3	2	3	5	9	13	16	17	15	11	7	5

PRAKTISCHE HINWEISE

TAXI

Die drei Taxiunternehmen mit zentraler Rufnummer sind *Norgestaxi (Tel. 080 00), Oslo Taxi (Tel. 023 23)* und *Taxi 2 (Tel. 80 08 29 42)*. Die Fahrzeuge sind mit Taxameter ausgestattet, der Kilometerpreis beträgt rund 30 NOK *(Strecke Stadtmitte–Bygdøy ca. 150 NOK)*. Taxistandplätze sind beschildert. Beachten Sie, dass sich dort an Wochenenden nach 23 Uhr bis in den frühen Morgen lange Schlangen bilden.

TELEFON & HANDY

Auslandsvorwahlen aus Norwegen nach Deutschland *0049,* nach Österreich *0043,* in die Schweiz *0041.* Aus dem Ausland wird nach Norwegen die *0047* vorgewählt. In Norwegen sind alle Telefonnummern (außer Sondernummern) achtstellig, Vorwahlen gibt es nicht; Handynummern beginnen mit 9 oder 4. GSM-Handybesitzer werden in Norwegen problemlos telefonieren können.

Es gibt nur noch wenige Telefonzellen, die Münzen oder Karten (erhältlich an einem Kiosk) annehmen.

TRINKGELD

Nicht selbstverständlich, doch wenn Essen und Service gut waren, sind bis zu zehn Prozent durchaus üblich.

VERANSTALTUNGSHINWEISE & VORVERKAUF

Den einzigen deutschsprachigen Veranstaltungskalender gibt es auf der Website *www.visitoslo.com*. In Touristeninformationen und den meisten Hotels liegt das englischsprachige Gratismagazin *What's on Oslo* aus, das alle zwei Monate erscheint.

Eintrittskarten können Sie unter *www.billettservice.no* im Voraus kaufen, ansonsten bekommen Sie Veranstaltungstickets nur an der jeweiligen Abendkasse.

WÄHRUNGSRECHNER

€	NOK	NOK	€
1	8,43	1	0,12
2	16,85	25	2,96
3	25,28	50	5,93
4	33,71	150	17,79
5	42,14	200	23,72
7	58,99	300	35,58
9	75,84	400	47,44
75	632,05	750	88,94
125	1053,41	1200	142,31

ZEITUNGEN

Deutschsprachige Tages- und Wochenzeitungen gibt es am Hauptbahnhof und an den Zeitungskiosken in der Stadtmitte, etwa auf Karl Johan oder am Bahnhof *Nationaltheatret.*

ZOLL

Nach Norwegen dürfen 2 l Bier, 1 l Spirituosen und 1,5 l Wein oder 2 l Bier und 3 l Wein sowie 200 Zigaretten oder 250 g Tabak eingeführt werden. Bei der Einreise dürfen Sie Bargeld im Gesamtwert von bis zu 25 000 NOK einführen.

Bei der Rückreise in die EU sind wahlweise 200 Zigaretten, 100 Zigarillos oder 250 g Tabak nach Deutschland bzw. Österreich erlaubt sowie 1 l Spirituosen und 2 l Wein, außerdem Geschenke und Souvenirs bis zu einem Wert von 430 Euro. Für die Schweiz gelten geringere Mengen. Weitere Informationen im Internet unter *www.zoll.de*

> SNAKKER DU NORSK?

„Sprichst du Norwegisch?" Dieser Sprachführer hilft Ihnen, die wichtigsten Wörter und Sätze auf Norwegisch zu sagen

Aussprache

Zur Erleichterung der Aussprache sind alle norwegischen Wörter der Hauptlandessprache *bokmål* mit einer einfachen Aussprache (in eckigen Klammern) versehen.

AUF EINEN BLICK

Ja./Nein./Vielleicht.	Ja./Nei./Kanskje. [Ja/Nei/Kannsche]
Bitte.	(bittend) Vær så snill. [Währ so snill] (anbietend) Vær så god. [Währ so guh]
Danke.	Takk. [Tack]
Gern geschehen.	Det var da så lite. [Deh war da so lite]
Entschuldigung!	Unnskyld! [Ünnschüll]
Wie bitte?	Unnskyld? [Ünnschüll]
Ich verstehe Sie/dich nicht.	Jeg forstår deg ikke. [Jei forstohr dei icke]
Ich spreche nur wenig Norwegisch.	Jeg snakker bare litt norsk. [Jei snakker bare litt norschk]
Können Sie mir bitte helfen?	Unnskyld, kan du hjelpe meg? [Ünnschüll, kann dü jelpe mei]
Ich möchte …	Jeg vil gjerne ha … [Jei will jehrne ha]
Das gefällt mir (nicht).	Det liker jeg (ikke). [Deh lihker jei (icke)]
Wie viel kostet es?	Hva koster det? [Wa koster deh]
Wie viel Uhr ist es?	Hvor mye er klokka? [Wuhr müe är klocka]

KENNENLERNEN

Guten Morgen!	God morgen! [Gu mohren]
Guten Tag!	God dag! [Gu dag]
Guten Abend!	God kveld! [Gu quell]
Hallo! Grüß dich!	Hallo!/Hei! [Hallu/Hei]
Mein Name ist …	Navnet mitt er … [Nawne mitt är]
Wie ist Ihr Name, bitte?	Unnskyld, hva var navnet? [Ünnschüll, wa war nawne]
Wie geht es Ihnen/dir?	Hvordan har du det? [Wurdan har dü deh]
Danke. Und Ihnen/dir?	Takk, bra. Og du? [Tack, bra. Oh düh]
Auf Wiedersehen!	Ha det … [Hah de]
Bis bald!	Vi sees! [Wi sehs]

SPRACHFÜHRER NORWEGISCH

UNTERWEGS

AUSKUNFT

links/rechts	til venstre/til høyre [till wenstre/till höire]
geradeaus	rett fram [rett fram]
nah/weit	nær/langt [nähr/langt]
Bitte, wo ist …	Unnskyld, hvor ligger … [Ünnschüll, wur ligger]
… der Bahnhof?	… jernbanestasjonen? [jernbahnestaschunen]
… die Straßenbahn?	… trikken? [tricken]
… der Flughafen?	… flyplassen? [flühplassen]
Ich möchte … mieten.	Jeg ville gjerne leie … [Jei wille jehrne leie]
… ein Auto …	… en bil. [en bil]
… ein Fahrrad …	… en sykkel. [en sückel]
… ein Boot …	… en båt. [en boht]

PANNE

Ich habe eine Panne.	Jeg har en skade på bilen. [Jei har en skade po bilen]
Wo ist hier in der Nähe eine Werkstatt?	Fins det et verksted i nærheten? [Finns deh et werkstehd i nährhehten]

TANKSTELLE

Wo ist bitte die nächste Tankstelle?	Unnskyld, hvor er nærmeste bensinstasjon? [Ünnschüll, wur er närmeste bensinstaschun]
Ich möchte … Liter …	Jeg skal ha … liter … [Jei skal ha … liter]
… Normalbenzin.	… normalbensin. [normalbensin]
… Super/Diesel.	… super/diesel. [sühper/dihsel]
Volltanken, bitte.	Full tank, takk. [Füll tank, tack]

UNFALL

Hilfe!	Hjelp! [Jelp]
Achtung!	Se opp!/Forsiktig! [Seh opp/Forsikti]
Rufen Sie bitte schnell …	Vær så snill og ring etter … straks. [Wär so snill oh ring etter … stracks]
… einen Krankenwagen.	… en sjukebil … [en schühkebil]

… die Polizei.	… politiet … [politie]
… die Feuerwehr.	… brannvesenet … [brannwesene]
Es war meine/Ihre Schuld.	Det var min/din skyld. [Deh war min/din schüll]
Geben Sie mir bitte Ihren Namen und Ihre Anschrift.	Kan jeg få navnet og adressen din. [Kann jei foh nawne oh adressen din]

ESSEN/UNTERHALTUNG

Wo gibt es hier …	Hvor er det … [Wur är deh]
… ein gutes Restaurant?	… en god restaurant? [en gu restorang]
… ein nicht zu teures Restaurant?	… en ikke altfor dyr restaurant? [en icke altfor dühr restorang]
Gibt es hier eine gemütliche Kneipe?	Er det noe hyggelig vertshus her? [Är deh nue hüggeli wärtshüs här]
Reservieren Sie uns bitte für heute Abend einen Tisch für vier Personen.	Kan du reservere et bord for fire personer for i kveld. [Kann dü reservehre et bur for fihre persuhner for i quell]
Auf Ihr/dein Wohl!	Skål! [Skohl]
Bezahlen, bitte.	Kan jeg/vi få betale? [Kann jei/wi foh betale]
Das Essen war ausgezeichnet.	Maten var utmerket. [Maten war ütmerket]

EINKAUFEN

Wo finde ich …	Hvor finner jeg … [Wur finner jei]
… eine Apotheke?	… et apotek? [et aputehk]
… eine Bäckerei?	… et bakeri? [et bakerih]
… ein Lebensmittelgeschäft?	… en dagligvareforretning? [en dagliwahreforrettning]

ÜBERNACHTUNG

Können Sie mir bitte … empfehlen?	Kan du anbefale meg … [Kann dü annbefahle mei]
… ein gutes Hotel …	… et godt hotell? [et gott hotell]
… eine Pension …	… et pensjonat? [et pangschunat]
Ich habe bei Ihnen/euch ein Zimmer reserviert.	Jeg har reservert et rom hos dere. [Jei har reservehrt ett rum hus dehre]
Haben Sie/habt ihr noch Zimmer frei?	Har dere noe ledig rom? [Har dehre nue lehdi rum]
ein Einzelzimmer	et enkeltrom [et enkeltrum]
ein Doppelzimmer	et dobbeltrom [et dobbeltrum]
mit Dusche/Bad	med dusj/bad [meh düsch/bahd]

für eine Nacht	for ei natt [forr ei natt]
für eine Woche	for ei uke [forr ei ükc]
Was kostet das Zimmer mit …	Hva koster rommet med … [Wa koster rumme meh]
… Frühstück?	… frokost? [fruhkost]
… Halbpension?	… halvpensjon? [hallpangschuhn]

PRAKTISCHE INFORMATIONEN

ARZT

Können Sie mir einen guten Arzt empfehlen?	Kan du anbefale en god lege? [Kann dü annbefahle en guh lehge]
Wo finde ich die Arztstation?	Hvor finner jeg legevakten? [Wur finner jei lehgewackten]
Ich habe hier Schmerzen.	Jeg har smerter her. [Jei har smerter här]

BANK

Wo ist hier bitte eine Bank?	Unnskyld, hvor finner jeg en bank? [Ünnschüll, wur finner jei en bank]
Ich möchte … Euro (Schweizer Franken) in Kronen umwechseln.	Jeg ville gjerne veksle euro (sveitser francs) i kroner. [Jei wille jehrne wecksle euro (sweitser frang) i kruhner]

ZAHLEN

0	null [nüll]
1	en/ett [ehn/ett]
2	to [tuh]
3	tre [treh]
4	fire [fihre]
5	fem [femm]
6	seks [sechs]
7	sju (syv) [schü (süw)]
8	åtte [otte]
9	ni [ni]
10	ti [ti]
11	elleve [ellwe]
12	tolv [toll]
13	tretten [tretten]
14	fjorten [fjurten]
15	femten [femmten]
16	seksten [seisten]
17	sytten [sötten]
18	atten [atten]
19	nitten [nitten]
20	tjue (tyve) [chüe (tühwe)]
21	tjueen [chüeehn]
22	tjueto [chüetu]
30	tretti (tredve) [tretti (tredwe)]
40	førti [förti]
50	femti [femmti]
60	seksti [secksti]
70	sytti [sötti]
80	åtti [otti]
90	nitti [nitti]
100	hundre [hündre]
200	tohundre [tuhündre]
1000	tusen [tüsen]
2000	totusen [tutüsen]
10 000	titusen [titüsen]
1/2	en halv [en hall]
1/4	en fjerdedel [en fjäredehl]

Historische Häuser im Stadtteil Grünerløkka

> UNTERWEGS IN OSLO

Die Seiteneinteilung für den Reiseatlas finden Sie auf dem hinteren Umschlag dieses Reiseführers

CITY ATLAS

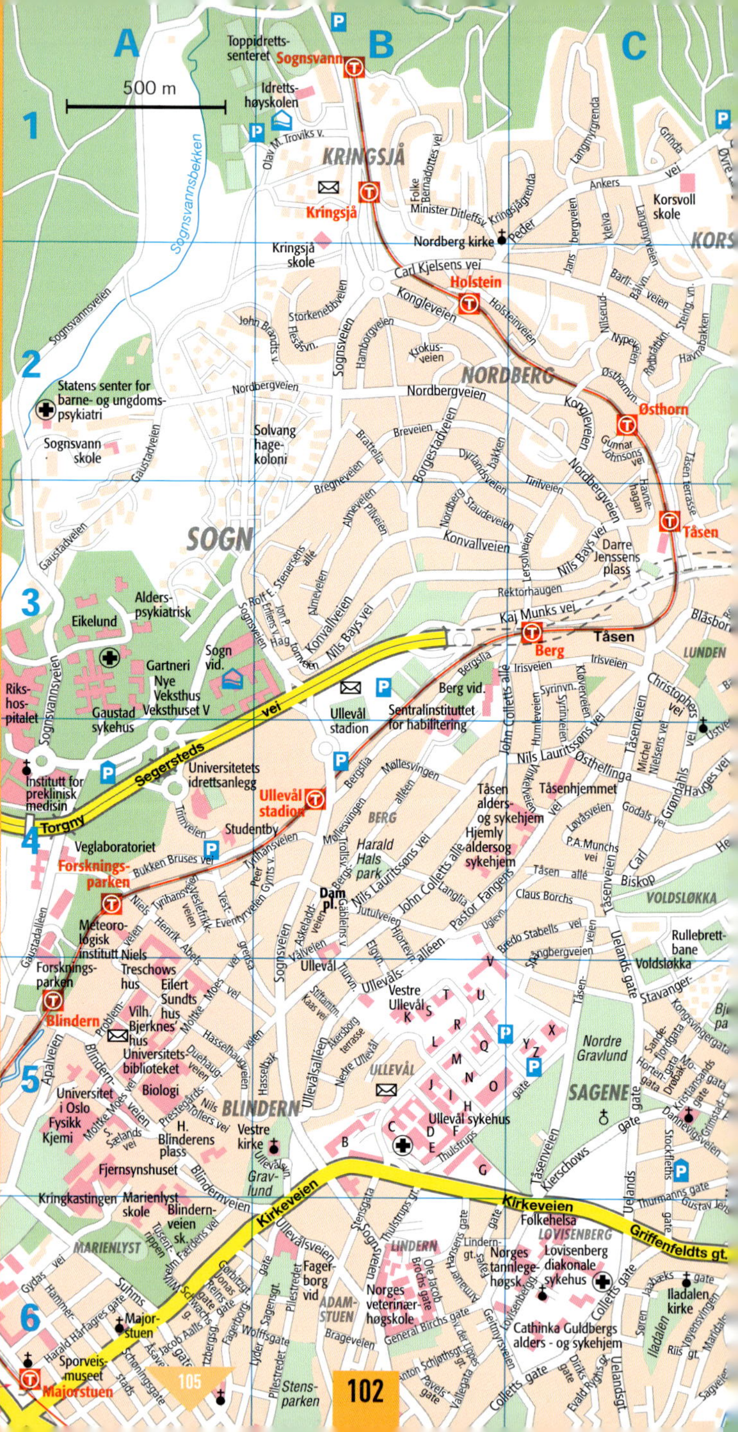
A
B
C
1
2
3
4
5
6
500 m
Toppidretts-senteret
Sognsvann
Idretts-høyskolen
Olav M. Troviks v.
KRINGSJÅ
Kringsjå
Sognsvannsbekken
Folke Bernadottes vei
Minister Ditleffs v.
Kringsjågrenda
Langmyrgrenda
Grinda
Ankers vei
Korsvoll skole
Nordberg kirke
Peder
Jans
bergveien
Kleiva
Langmyrveien
Kringsjå skole
Carl Kjelsens vei
Holstein
Kongleveien
Holsteinveien
Barli-veien
Båhus
Steing. vn.
Havnabakken
Sognsvannsveien
Storkenebbveien
John Brandts v.
Flesåsvn.
Sognsveien
Hamborgveien
Krokus-veien
NORDBERG
Nilserud-
Nypeveien
Rødbråtkn.
Østhornvn.
Østhorn
Statens senter for barne- og ungdoms-psykiatri
Nordbergveien
Sognsvann skole
Gaustadveien
Solvang hage-koloni
Breveien
Brattelia
Borgestadveien
Dyrlandsveien
bakken
Gunnar Johnsons vei
Havne-hagan
Tåsen terrasse
Bregneveien
Almeveien
Pilveien
Nordberg
Staudeveien
Tirilveien
Tåsen
SOGN
Rolf E. Stenersens allé
Konvallveien
Lersolveien
Nils Bays vei
Darre Jenssens plass
Almeveien
Rektorhaugen
Alders-psykiatrisk
Eikelund
Sognsveien
Erlings v.
Jon P.
Hag
Tomveien
Kaj Munks vei
Berg
Tåsen
Blåsbor
LUNDEN
Sogn vid.
Bergslia
Irisveien
Gartneri
Nye Veksthus
Rikshos-pitalet
Gaustad sykehus
Veksthuset V
Ullevål stadion
Sentralinstituttet for habilitering
Berg vid.
John Colletts allé
Syrinvn.
Kløverveien
Humleveien
Christophers vei
Ustve
Segersteds vei
Institutt for preklinisk medisin
Universitetets idrettsanlegg
Ullevål stadion
Bergslia
Møllesvingen
alléen
Nils Lauritssøns vei
Østhellinga
Tåsenveien
Michel Nielsens vei
Grøndahls vei
Hauges vei
Torgny
Trimveien
Studentby
BERG
Tåsen alders- og sykehjem
Vinkelveien
Tåsenhjemmet
Løvåsveien
Godals vei
Veglaboratoriet
Bukken Bruses vei
Tyrihansveien
Møllesvingen
Trollsv.
Harald Hals park
Hjemly aldersog sykehjem
P.A.Munchs vei
Carl
Forsknings-parken
Tyrihansveien
Peer Gynts v.
Bergs.
Nils Lauritssøns vei
Langlia
Tåsen allé
Biskop
Meteoro-logisk institutt
Niels
Henrik Abels
Vestre-frikk-veien
Eventyrveien
Vest-grensa
Askeladd-veien
Dam pl.
Gäblens v.
Jutulveien
John Colletts allé
Pastor Fangens
Claus Borchs
VOLDSLØKKA
Gaustadalléen
Niels Treschows hus
Sognsveien
Vålveien
Hjortevn.
Uglevn.
Bredo Stabells vei
Spångbergveien
Tåsenveien
Rullebrett-bane
Forsknings-parken
Eilert Sundts hus
Moltke Moes vei
Ullevål
Tiurvn.
Ullevålsalléen
Elgvn.
Vestre Ullevål
Voldsløkka
Uelands gate
Stavanger-
Blindern
Problem-
Vilh. Bjerknes' hus
Hasselhaugveien
Stiftamtm. Kaas vei
Akersborg terrasse
Tåsen-
Kongsvingergata
Nordre Gravlund
Apalveien
Universitets-biblioteket
Duehaug-veien
Hasselbakken
Ullevålsalléen
Nedre Ullevål
ULLEVÅL
Sande-fjordgata
Horten-gata
Mo-gata
Drøbak-
Kristiansands gate
Blindern-veien
Biologi
SAGENE
Universitet i Oslo
Fysikk
Kjemi
Moltke Moes vei
Sælands vei
Prestegårds-
Nils Collets vei
BLINDERN
Vestre kirke
Ullevål sykehus
Thulstrups
Dannevigsveien
H. Blinderens plass
Ullevål Grav-lund
Kierschows gate
Tåsenveien
Fjernsynshuset
Blinderveien
Kirkeveien
Stockfletts gate
Thurmanns gate
Gustav Jens
Kringkastingen
Marienlyst skole
Blindern-veien sk.
Tusenfryd
Ullevålsveien
Stensgata
Sognsveien
Thulstrups gt.
LINDERN
Lindern-gt.
Fayes gate
Kirkeveien
Folkehelsa
LOVISENBERG
Griffenfeldts gt.
MARIENLYST
Nils Færdens vei
Fager-borg vid
Norges tannlege-høgsk.
Lovisenberg diakonale sykehus
Colletts gate
Jacobs gate
Iladalen kirke
Gydas vei
Hammer-
Suhms
Wilhelm Schwachs
Jonas Reins gate
Gørbitz gt.
Pilestredet
ADAM-STUEN
Norges veterinær-høgskole
Ole Jacob Brochs gate
Armauer Hansens gate
Geitmyrsveien
Lovisenbergg.
Harald Hårfagres gate
Major-stuen
Fagerborg.
Wolffsgate
Sagensgt.
Brageveien
General Birchs gate
Cathinka Guldbergs alders - og sykehjem
Søren
Iladalen
Riis gt.
Vøyensvingen
Sporveis-museet
Jacob Aalls gate
Lyder Sagens gt.
Pilestredet
Stens-parken
Anton Schjøthsgt.
v. der Lippes gt.
Pavels gate
Vallegata
Colletts gate
Dirks gate
Evald Rygs gt.
Uelandsgt.
Majorstuen
Schønings gate
Åsaveien
Sagveien
105

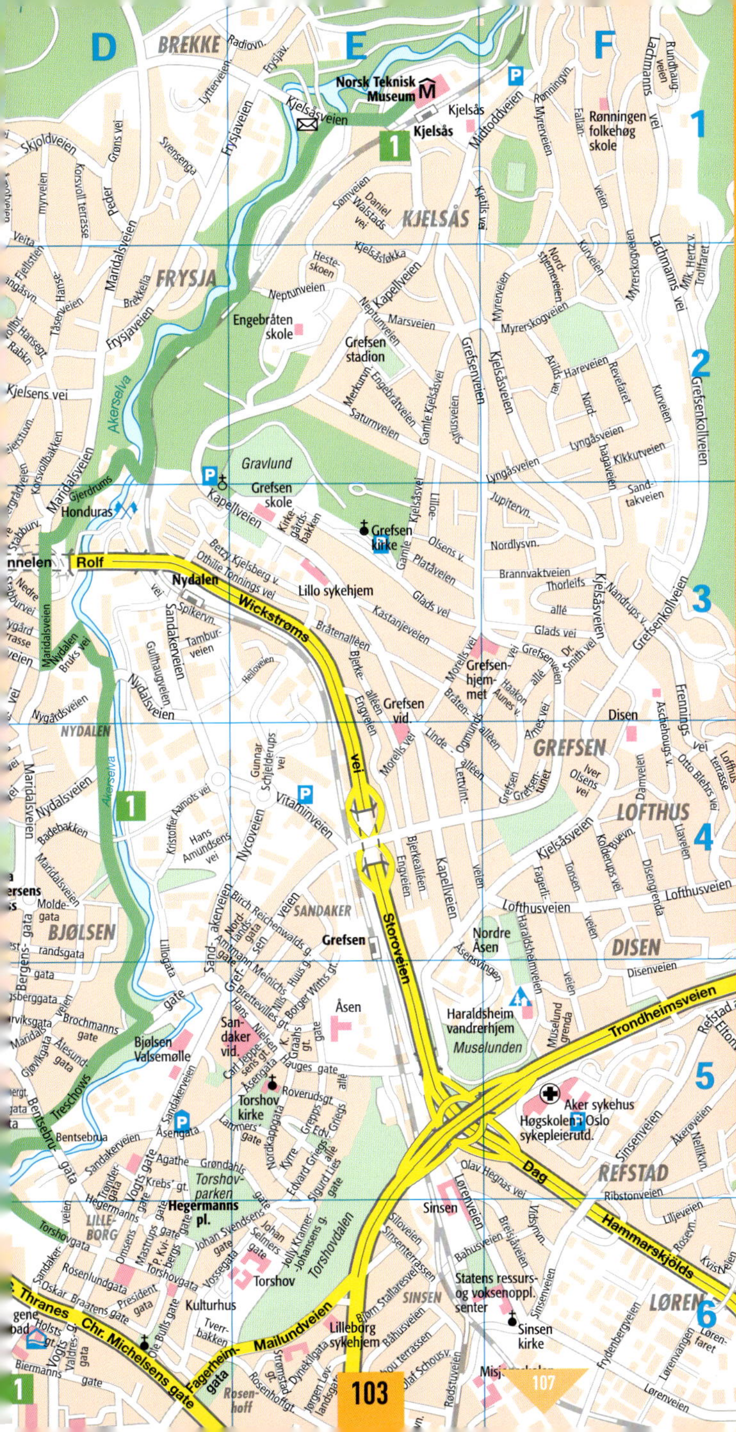
D
E
F
1
2
3
4
5
6
BREKKE
Radiovn.
Frysjav.
Lyrterveien
Norsk Teknisk Museum
Kjelsås
Kjelsåsveien
Midtoddveien
Rønningvn.
Myrerveien
Fallanveien
Rønningen folkehøg skole
Lachmanns vei
Rundhaugveien
Skjoldveien
Grøns vei
Svensenga
Frysjaveien
Korsvoll terrasse
Peder
Maridalsveien
Sømveien
Daniel Walstads vei
KJELSÅS
Kjelsås vei
Kurveien
Myrerskogveien
Lachmanns vei
Mlk. Hertz v.
Trollfaret
FRYSJA
Brekkelia
Tåsenveien
Hansegt.
Rabkn
Hesteskoen
Kjelsåsløkka
Neptunveien
Kapellveien
Engebråten skole
Marsveien
Grefsenveien
Kjelsåsveien
Myrerskogveien
Nordstjerneveien
Grefsen stadion
Merkurvn.
Engebråtveien
Saturnveien
Gamle Kjelsåsvei
Akerselva
Kjelsens vei
Korsvollbakken
Gravlund
Arilds vei
Hareveien
Revefaret
Nordhagaveien
Lyngåsveien
Kikkutveien
Kurveien
Grefsenkollveien
Sandtakveien
Maridalsveien
Gjerdrums
Honduras
Grefsen skole
Kirkegårdsbakken
Grefsen kirke
Gamle Kjelsåsvei
Lillevei
Olsens v.
Platåveien
Jupitervn.
Nordlysvn.
Brannvaktveien
Thorleifs allé
Rolf
Wickstrøms vei
Betzy Kjelsberg v.
Othilie Tonnings vei
Nydalen
Lillo sykehjem
Glads vei
Kastanjeveien
Nandrups v.
Kjelsåsveien
Grefsenkollveien
Spikervn.
Tamburveien
Sandakerveien
Gullhaugveien
Heiloveien
Bråtenalléen
Bjerkealléen
Engveien
Morells vei
Grefsenhjemmet
Haakon Aunes v.
Dr. Smiths vei
Frennings vei
Ascheougs v.
Nydalsveien
Nygårdsveien
NYDALEN
Gunnar Schjelderups vei
Grefsen vid.
Bråten-alléen
Ogmunds alléen
Linde-alléen
Lettvint
Ames vei
Disen
GREFSEN
Iver Olsens vei
Damveien
Otto Blehrs vei
Lofthus terrasse
Maridalsveien
Nydalsveien
Badebakken
Kristoffer Aamots vei
Hans Amundsens vei
Vitaminveien
Nycoveien
Bjerkealléen
Engveien
Kapellveien
Grefsentunet
LOFTHUS
Kjelsåsveien
Koldeups vei
Buevn.
Llaveien
Maridalsveien
Moldegata
Birch Reichenwalds g.
SANDAKER
Nordlandsgata
Sandakerveien
Storoveien
Grefsen
Fagerliveien
Torsen
Disengrenda
Lofthusveien
BJØLSEN
Bergensgata
randsgata
Lillogata
Ammann Meinichs gate
Nils Huus g.
Borger Withs gt.
Nordre Åsen
Åsensvingen
Haraldsheimveien
DISEN
Disenveien
Brettevilles gt.
Hans Nielsen Hauges gate
Åsen
Haraldsheim vandrerhjem
Muselunden
Muselund grenda
Trondheimsveien
Refstad allé
Eltonveien
Brochmanns gate
Ålesund gata
Gjøvikgata
Maridalsveien
Bjølsen Valsemølle
Sandakerveien
Sandaker vid.
Carl Jeppesens gt.
Åsengata
Graahs gt.
Roverudsgt.
Torshov kirke
Greppsgt.
Edv. Griegs allé
Aker sykehus
Høgskolen i Oslo sykepleierutd.
Sinsenveien
Åkerøveien
Nellikvn.
Treschows
Bentsebrua
Bentsebrugata
Åsengata
Sandakerveien
Agathe Grøndahls gate
Torshovparken
Nordkappgata
Kyrre
Edvard Griegs allé
Sigurd Lies gate
Olav Hegnas vei
Lørenveien
Dag Hammarskjölds
REFSTAD
Ribstonveien
Tronderg.
Krebs' gt.
Vogts gate
Hegermanns gate
Hegermanns pl.
LILLEBORG
Torshovgata
Johan Svendsens gate
Johan Selmers gate
Jolly Kramer-Johansens g.
Torshovdalen
Siloveien
Sinsenterrassen
Sinsen
Bahusveien
Breisjåveien
Vitsynvn.
Liljeveien
Rosevn.
Kvistveien
Sandakerveien
Omsens gate
Mastrups gate
P. Kvibergs gate
Torshovgata
Vossegata
Torshov
Rosenlundgata
Oskar Braatens gate
President gata
Kulturhus
Tverrbakken
SINSEN
Statens ressurs- og voksenoppl. senter
Sinsenveien
LØREN
Frydenbergveien
Lørenfaret
Thranes
Chr. Michelsens gate
Ole Bulls gate
Mailundveien
Fagerheimgata
Lilleborg sykehjem
Bjørn Stallaresvei
Bahusveien
Olaf Schousv.
Rødstuveien
Sinsen kirke
Lørenvangen
Lørenveien
Vogts gt.
Valdresgata
Biermanns gate
Holsts gt.
Rosenhoff
Stromstad gt.
Rosenhoffgt.
Dynekilgata
Jørgen Løvlandsgt.
107

Vestre Gravlund
A
B
C
1
2
3
4
5
6
Colosseum senter
Sørkedalsveien
Slekten
Monolittveien
Colosseum-klinikken
Colosseum
Charles Chaplin
NVE
Colosseum Park
Majorstua
Middelthuns gate
NHO
Essendrops gate
Majorstua skole
Frognerparken
hjulet
Soluret
Monolitten
Holberg
Fabrikkgata
MAJORSTUA
Skøytemuseet
Oscar Mathisen
Maries gate
Fontenen
Frognerdammene
Frognerbadet
Frogner stadion
Middelthuns gate
Sonia Henie
Sinnataggen
Vigelandsparken
Gustav Vigeland
Professor Dahls gate
Jacob Aalls gate
Elsters gate
Neuberggata
Overraskelsen
Mathia Anker
Fuglehauggata
Amaldus Nielsen
Madserud allé
Oslo Bymuseum
Abraham Lincoln
Munthes gate
Inst. for samfunnsforskning
A. Nielsens plass
Kirkeveien
Gerhard Gade
RING 2
Gyldenløves gate
Neubergata
BRISKEBY
Briskebyveien
Frognerelva
Halvdan Svartes gate
Vigeland-museet
Frogner plass
Frognerterrasse
Nobels gate
Sigyns gate
Villa Bryde
Solheimgata
Langaards gate
Schies gate
Lindemans gate
Nordraaks gate
Tidemands gate
Johan Borgens barndomshjem
Arno Bergs plass
Zahlkasserer Schafts plass
Mørch
Solheim-løkken
Schafte-løkken
Magnus Bergs gate
Frognerveien
Eckersbergs gate
Tors gate
Eilert Sundts gate
Hafrsfjordgata
Kristinelundveien
Skjalgssons gate
Thomas Heftyes gate
Gimleveien
Odins gate
Løvenskiolds gate
Albin U
Heia
FROGNER
Haaken
BYDEL FROGNER
Amtmann Furus plass
Bjørknes skole
Olav Kyrres plass
Bygdøy allé
Elisenbergveien
Frogner allé
Kruses gate
Gyldenløves gate
Gude
Magnus Barfots gate
Erling Skjalgssons gate
Tostrups gate
Thomas Heftyes gate
Balchens gate
Frederik Stangs gate
Balders gate
Haxthausen gate
Hjørungavåggata
Frogner kirke
Vestheimgata
Gabels gate
Kjeldaas
Nøisomhed
C. A. Pihls gate
Gimle terrasse
American Lutherian Church
Frognerveien
Frogner Atrium
Nobels gate
Gange-Rolvs gate
Frøyas Have
GIMLE
Fritzners gate
Sophus Lies gate
Mogens Thorsens gate
Bygdøy allé
Arco
Skarpsno-klinikken
Røne Kors klinikk
Haxthausen gate
Skarpsno-parken
Tostrup terrasse
Thomas Heftyes gate
Frederik Stangs gate
Juels gate
Hydro parken
Mogens Thorsens park
Drammensveien
det Norske vitenskaps Akademi
Niels Juels gate
Gabels gate
Nyborgs
200 m
Skillebekk
Observatoriegata
Leiv Erikssons gate
Bjørn Farmanns gate
E 18
Frognerkilen
Gabels gate
Skillebekk
Terningbekk
Framnesveien
Munkedamsveien
Svoldergata
SKILLEBEKK
110

FAGERBORG
102
BYDEL VESTRE AKER
HEDGEHAUGEN
BOLTELØKKA
BISLETT
HOMANSBYEN
URANIENBORG
RUSELØKKA
VIKA
Kirkeveien
Bogstadveien
Hegdehaugsveien
Wergelandsveien
St. Olavs gate
RING 1
168
Frederiks gate
Munkedamsveien
Døvekirken
Stensparken
Artefakt.
Therese
Sigrid Undset
Fagerborg kirke
Pilestredet døgnerehabilitering
Oscar Mathisens hjem
Westside
Rosenborg legesenter
Hamsun
Bislett Bad
Bislett stadion
Deutsche Schule
Kristelig Gymnas
Nils Collett Vogts bolig
Eivind Berggrav
Geologi
Ev. Gemeinde deutscher Sprache
Oda Krohgs barndomshjem
Anna Sethnes hus
Høgskolen i Oslo
Arkitektenes hus
Uranienborgparken
Uranienborg
Welhavens hjem
Uranienborg skole
Nasjonalforeningen
Rydeng
Asur
Pilestredet studenthus
Kunstnernes hus
Slottsdammen
Grotten
Slottsforvalterens hus
Slottsparken
Kongespeilet
Riddervolds plass
Villa Parafino
Rikard Nordraak
Edvard Munchs bosted
Statens kunstakademi
Arnulf Øverlands hjem
Det Kongelige Slott
Dronningdammen
Karl Johan
Nordraaks plass
Historisk museum
Tullinløkka
Slottsstallen
Dronningparken
Universitetet i Oslo
Universitetsplassen
Vestkantbadet
Nobelinstituttet
Nationaltheatret
Ibsenmuseet
Henrik Ibsens gate
Johanne Dybwards plassen
7. Juni plassen
Steen
Cora Sandels fødested
National-theatret
Dizzie
Karl Johans gate
Oslo Handelsgymnas
Ibsens bolig
Chat Noir
Konserthuset
Ruseløkka skole
Stenersenmuseet
Høgskolen i Oslo
Vikatorvet
Fridtjof Nansens plass
Olav V Kronpr. Märthas plass
Rådhuset
Musikkteatret
Nobels Fredssenter
Latter
105
111

A
B
C
103
Anton Schiøths gate
Pavels' gate
Colletts gate
St. Hanshjemmet
Dirik gate
Evald Rygh gate
Uelands gate
Vøyensvingen
Maridalsveien
Graahs spinneri
Sagveien
Møllepar
ST. HANS-HAUGEN
Ullevålsveien skole
Vallegata
Julie Ouren
Colletts gate
St. Hans-
haugen
Ilatrappen
Landstads gate
Kingos gate
Akerselva
Rikstr
gate
Sannerbrua
Ila skole
Hermann Foss' gate
Peter Chr. Asbjørnsen
BYDEL ST. HANSHAUGEN
Fougstads gate
Thranes gate
Brandts gate
Alexander Kiellands plass
Darres gate
Uelands gate
Maridalsveien
Hauchs gate
Foss vid. skole
Seilduks-fabrikken
Åmot bru
Doblougs gate
Ullevålsveien
Geitmyrsveien
Falk Ytters plass
Ungers gate
Caspars gate
Kunsthøgskolen
21:26
Steenstrups
2
Henrichsens gate
Kvinne
Knud Knudsens plass
Bergstien
Akersbakken barnehage
Norges Arkitekt-høgskole
Kuba
GRÜNERL
Frydenlundgata
Schwensens gate
Waldemar
St. Hanshaugen studenthjem
H. Ross' gate
F. Qvams gate
Akersbakken
Gamle Aker kirke
Trehusmiljø
Marselis gate
Markus kirke
Bjerregaards
Betanien
Telthusbakken
Egebergs gate
Westbye
Tidligere Nedre Foss mølle
Fossveien
Metodist-kirken
Akersbakken
stien
3
Krumgata
Hallings gate
Dovregata
Stensberggata
Oslo Katedralskole
Ullevålsveien
Vår Frelsers gravlund
Teknologisk institutt
Grønerhagen park
1
Markedet
Sofien
Høgskolen i Oslo
Pilestredet Park
Frimanns gate
Zetlitz' gate
Westbye Egebergs gate
Maridalsveien
Møller-veien
Grünerbrua
Wergelands bosted
Nedre gate
Stolmakerg
Øvre gate
Kors-
Pilestredet Park
Wessels gate
Damstredet
Iduns gate
Fredensborgveien
Brenneriveien
Veggmalerier Blå
FREDENSBORG
Torvbakkgat
Rikshospitalet
Vor Frue Hospital
Dops gate
Akers-
Rosteds gate
Elvebakke
4
Nordahl Bruns gate
St. Sunniva skole
Møllergata skole
Peer Gyn
d Munchs bosted
Edder-koppen
Kunst-industrimuseet
St. Olavs kirke
Thor Olsens gate
Deichmans gate
Møllergata
Elvebakken vid. skole
Jakob kulturkirke
Ankerbru
RING 1
St. Olavs plass
St. Olavs gate
Reptil-park
Kommandør T.I.Øgrims plass
Maria bebud.
Osterhaus gate
Maridalsveien
Hausmanns gate
Pilestredet
Munchs gate
Trefoldighets-kirken
Deichmanske bibliotek
Margareta-kyrkan
Marboes gate
Bernt Ankers gate
Torggata
HAMMERSBORG
Kristian
Nasjonal-galleriet
Keysers gate
Akersgata
Hammersborgtunnelen
St. Edmund's
Augusts gate
Universitetsgata
Tyng-huset
Departementer
Arne Garborgs plass
Hospitalsgata
Sentrum
Calmeyers gate
Ebbells gate
5
Det Norske Teatret
Regjerings-kvartalet
Johann Nygaardsvolds plass
Einar Gerhardsens plass
Youngs gate
Vaterlandstunnelen
H. Ibsens gate
Storgata
Mang gård
Paleet
Scene West
Rosenkrantz' gate
Pilestredet
Apotekergata
Oslo Nye Theater
Høyesterett
Central-teatret
Møllergata
Pløens gate
Husfliden
Gunerius
Brugata
Johans gate
Spikersuppa
Lille Grensen
Grensen
Grubbegata
Torggata
Strøget
Eidsvolls plass
Stortingsgata
Glas-Magasinet
Nygata
Stenersgata
Stortinget
Wessels plass
Stortorget
Oslo Domkirke
Storgata
NAF-huset
Oslo City
Oslo Spektrum
Vaterland parke
Frimurer-losjen
Rosenkrantz' gate
Øvre Slottsgate
Nedre Slottsgate
Karl Johans gate
Basar-hallene
Europa-rådetsplass
6
Øvre Vollgate
Nedre Vollgate
Prinsens gate
Steen & Strøm
Kirkegata
Arkaden
Jernbanetorget
Byporten
RING 1
Tollbugata
Posthuset
Jernbane-torget
Østbane-hallen
Oslo sentralstasjon
112
SENTRUM
Akershusgata

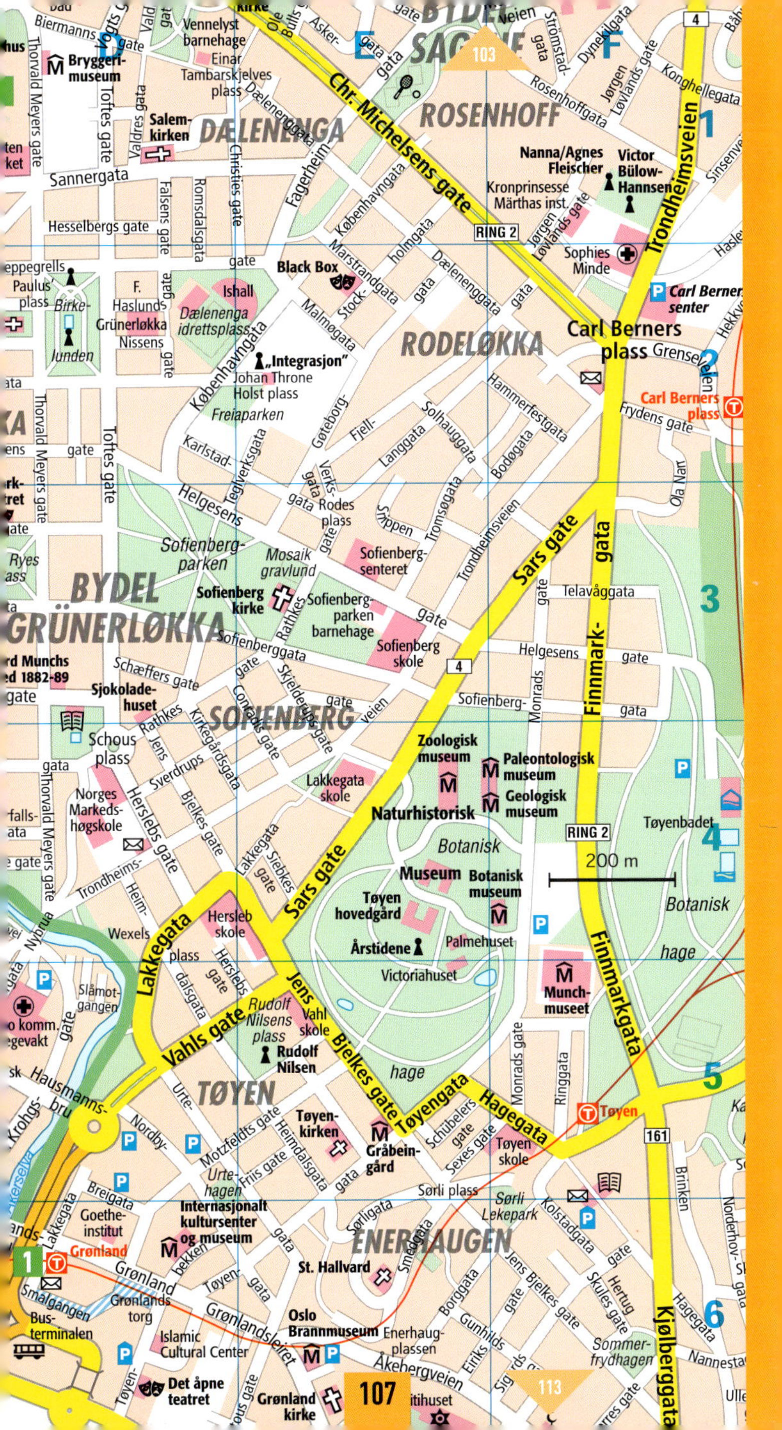

BYDEL SAGENE
103
D
E
F
1
2
3
4
5
6
Biermanns gate
Vogts gate
Bryggeri-museum
Thorvald Meyers gate
Toftes gate
Valdres gate
Salem-kirken
Vennelyst barnehage
Einar Tambarskjelves plass
Dælenenggata
DÆLENENGA
Christies gate
Asker-gata
Chr. Michelsens gate
ROSENHOFF
Rosenhoffgata
Strömstad-gata
Dynekilgata
Jørgen Løvlands gate
Konghellegata
Trondheimsveien
Sinsenveien
Nanna/Agnes Fleischer
Victor Bülow-Hannsen
Kronprinsesse Märthas inst.
RING 2
Sannergata
Hesselbergs gate
Falsens gate
Romsdalsgata
Fagerheim-gate
Københavngata
Marstrandgata
Stockholmgata
Dælenenggata
Sophies Minde
Carl Berners senter
Carl Berners plass
Grenseveien
Hasle
Hekkveien
Black Box
Ishall
Dælenenga idrettsplass
Malmøgata
Paulus' plass
Birkelunden
F. Haslunds gate
Grünerløkka
Nissens gate
RODELØKKA
„Integrasjon"
Johan Throne Holst plass
Freiaparken
Københavngata
Hammerfestgata
Carl Berners plass
Frydens gate
Göteborg-gata
Fjell-gata
Solhauggata
Langgata
Bodøgata
Ola Narr
Karlstad-gata
Teglverksgata
Verks-gata
Rodes plass
Tromsøgata
Trondheimsveien
Helgesens gate
Snippen
Sars gate
Finnmark-gata
Sofienberg-parken
Mosaik gravlund
Sofienberg-senteret
Telavåggata
BYDEL GRÜNERLØKKA
Sofienberg kirke
Sofienberg-parken barnehage
Rathkes gate
Sofienberggata
Sofienberg skole
Helgesens gate
Monrads gate
4
Schæffers gate
Sjokolade-huset
Skieldrups gate
Sofienberg-gata
SOFIENBERG
Conradis gate
Zoologisk museum
Paleontologisk museum
Geologisk museum
Naturhistorisk
Schous plass
Rathkes gate
Jens gate
Sverdrups gate
Kirkegårdsgata
Lakkegata skole
Tøyenbadet
Norges Markeds-høgskole
Herslebs gate
Bjelkes gate
Lakkegata
Sjøbekes gate
RING 2
200 m
Botanisk
Museum
Botanisk museum
Trondheims-veien
Heim-dalsgata
Hersleb skole
Sars gate
Tøyen hovedgård
Botanisk hage
Wexels plass
Lakkegata
Herslebs gate
Årstidene
Palmehuset
Nybrua
Slåmot-gangen
Victoriahuset
Munch-museet
Finnmarkgata
Vahls gate
Rudolf Nilsens plass
Jens Vahl skole
Rudolf Nilsen
Bjelkes gate
hage
Monrads gate
Ringgata
Hausmanns bru
TØYEN
Urte-gata
Tøyengata
Hagegata
Tøyen
161
Akerselva
Nordby-gata
Motzfeldts gate
Heimdalsgata
Tøyen-kirken
Gråbein-gård
Schübelers gate
Sexes gate
Tøyen skole
Brinken
Norderhov-gata
Urte-hagen
Friis gate
Sørli plass
Sørli Lekepark
Kolstadgata
Breigata
Goethe-institut
Internasjonalt kultursenter og museum
Sørligata
Smedgata
ENERHAUGEN
Lakkegata
Grønland
Grønland
Bekken
Tøyen-gata
St. Hallvard
Jens Bjelkes gate
Hertug Skules gate
Hagegata
Smalgangen
Grønlands torg
Borggata
Gunhilds gate
Sommer-frydhagen
Bus-terminalen
Grønlandsleiret
Oslo Brannmuseum
Enerhaug-plassen
Eiriks gate
Kjølberggata
Nannestad gate
Islamic Cultural Center
Åkebergveien
Sigrds gate
Det åpne teatret
Grønland kirke
107
113
Tøyen-gata

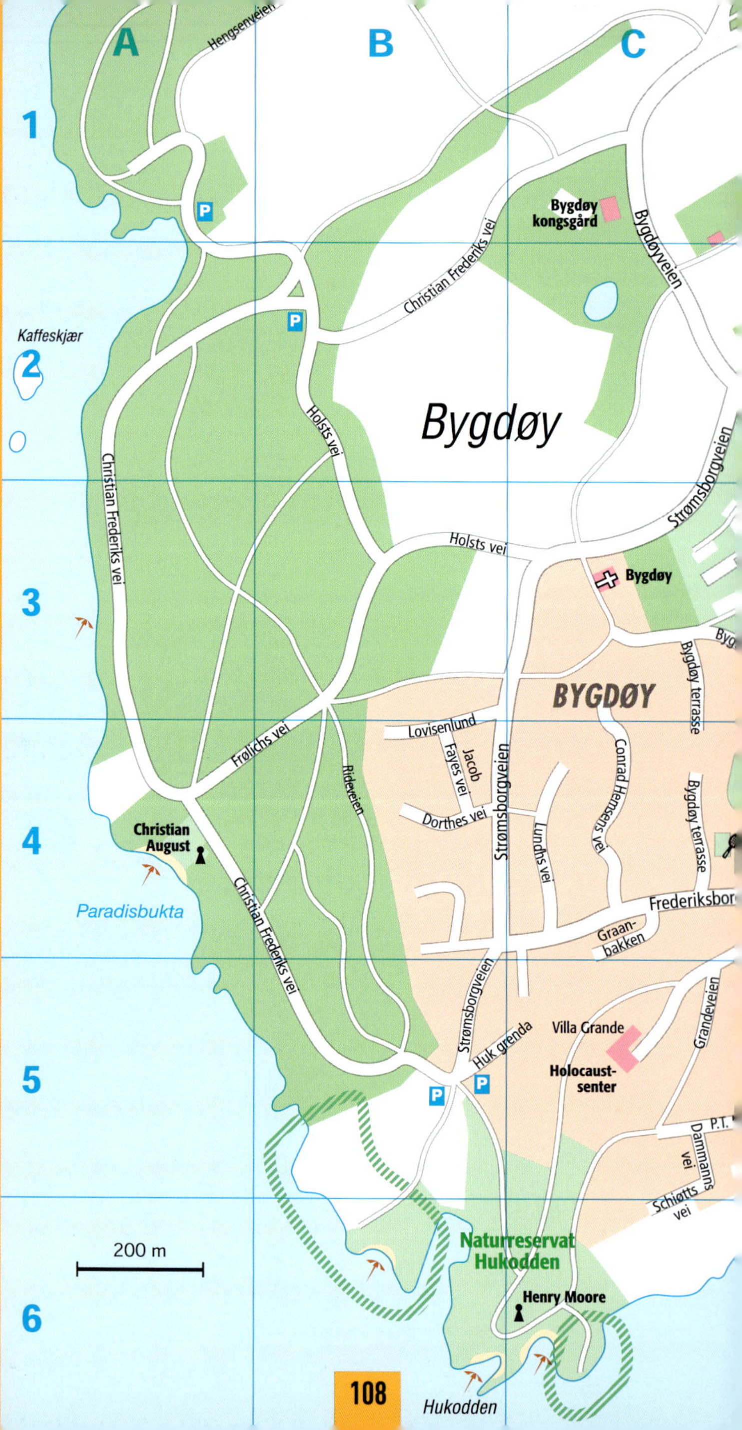
A
B
C
1
2
3
4
5
6
Hengsenveien
Bygdøy kongsgård
Bygdøyveien
Christian Frederiks vei
Kaffeskjær
Holsts vei
Bygdøy
Strømsborgveien
Bygdøy
BYGDØY
Bygdøy terrasse
Lovisenlund
Jacob Fayes vei
Conrad Hemsens vei
Frølichs vei
Rideveien
Dorthes vei
Lunds vei
Christian August
Paradisbukta
Frederiksbor
Graan-bakken
Villa Grande
Holocaust-senter
Huk grenda
Grandeveien
P.T.
Dammanns vei
Schiøtts vei
Naturreservat Hukodden
Henry Moore
200 m
Hukodden

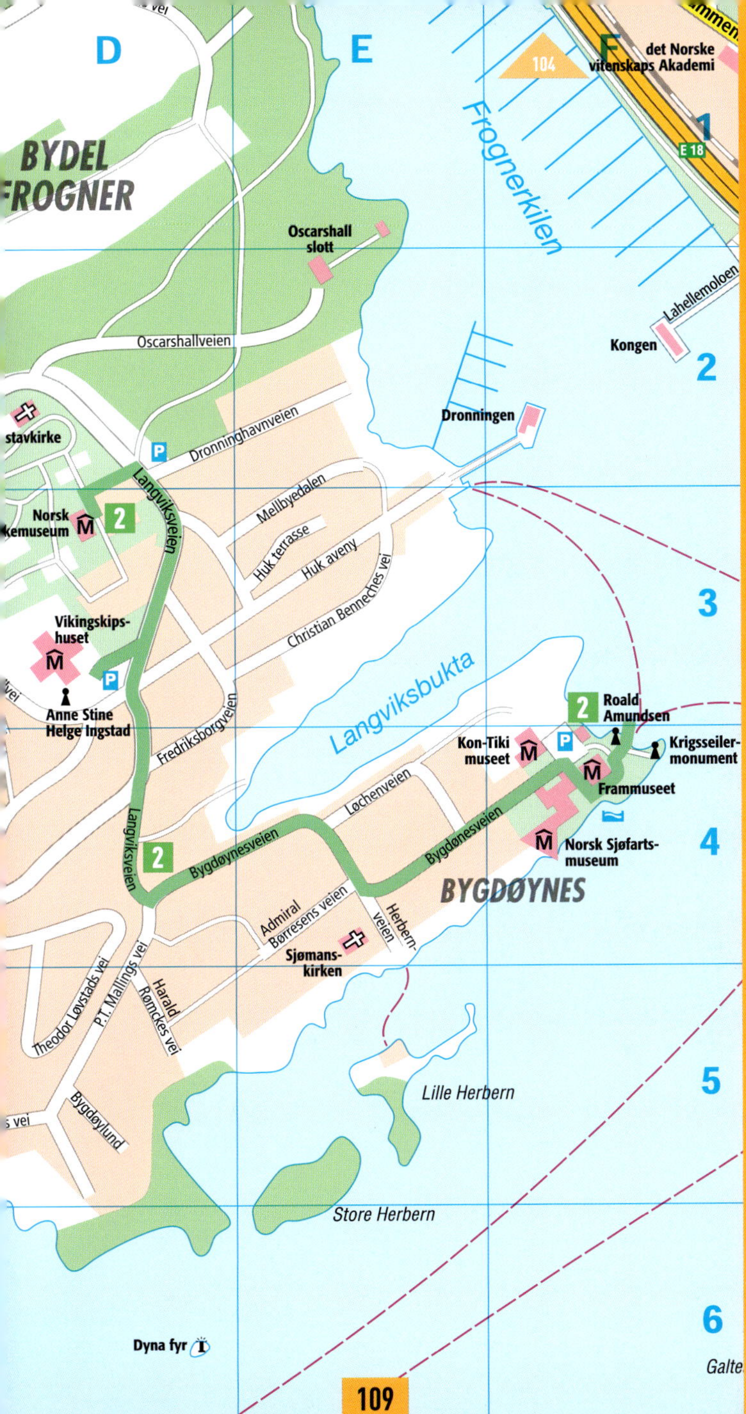
D
E
F
104
det Norske vitenskaps Akademi
1
E 18
BYDEL FROGNER
Frognerkilen
Oscarshall slott
Lahellemoloen
Kongen
2
Oscarshallveien
stavkirke
Dronningen
Dronninghavnveien
P
Langviksveien
Mellbyedalen
Norsk Folkemuseum
2
Huk terrasse
Huk aveny
Christian Benneches vei
3
Vikingskipshuset
P
Langviksbukta
Anne Stine Helge Ingstad
Fredriksborgveien
2
Roald Amundsen
Kon-Tiki museet
P
Krigsseiler-monument
Frammuseet
Løchenveien
Langviksveien
2
Bygdøynesveien
Bygdønesveien
Norsk Sjøfarts-museum
4
BYGDØYNES
Admiral Børresens veien
Herbern-veien
Sjømans-kirken
P.T. Mallings vei
Theodor Løvstads vei
Harald Rømckes vei
5
Lille Herbern
Bygdøylund
Store Herbern
6
Dyna fyr
Galte

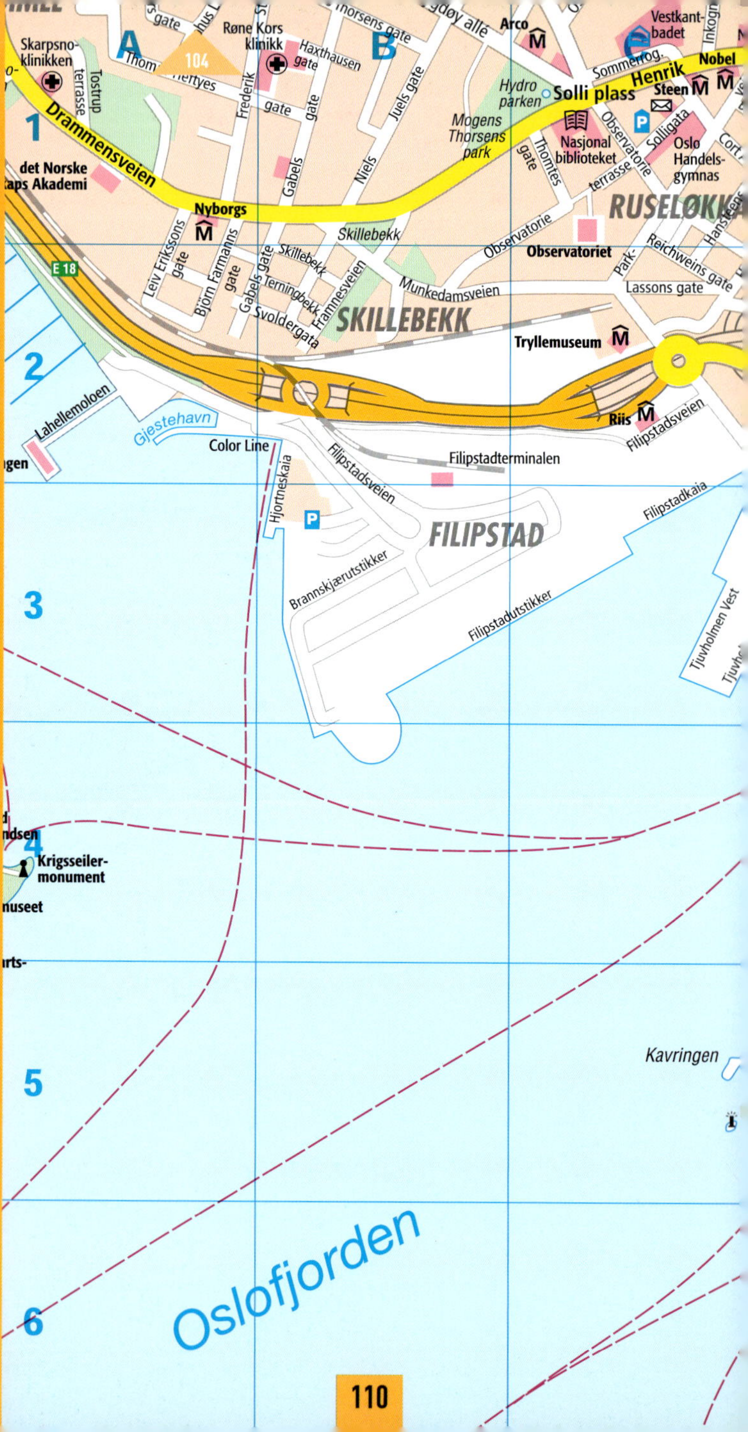
A
B
C
1
2
3
4
5
6
104
Skarpsno-klinikken
Tostrup terrasse
Drammensveien
det Norske
Røde Kors klinikk
Haxthausen gate
Frederik
gate
Gabels gate
Juels gate
Niels
Hydro parken
Mogens Thorsens park
Solli plass
Henrik
Sommerrog.
Vestkant-badet
Arco
Nobel
Steen
Nasjonal biblioteket
Observatorie terrasse
Thomtes gate
Solligata
Oslo Handels-gymnas
RUSELØKKA
Nyborgs
Skillebekk
Leiv Erikssons gate
Bjørn Farmanns gate
Gabels gate
Skillebekk
Terningbekk
Framnesveien
Svoldergata
SKILLEBEKK
Munkedamsveien
Observatorie
Observatoriet
Park-
Reichweins gate
Lassons gate
E 18
Tryllemuseum
Lahellemoloen
Gjestehavn
Color Line
Riis
Filipstadsveien
Filipstadterminalen
Hjortneskaia
Filipstadsveien
FILIPSTAD
Filipstadkaia
Brannskjærutstikker
Filipstadutstikker
Tjuvholmen Vest
Krigsseiler-monument
Kavringen
Oslofjorden

Nationaltheatret
Universitetet i Oslo
Universitets-plassen
Det Norske Teatret
105
TiGeRhuset
Apotekergata
Ibsens gate
Ibsenmuseet
Johanne Dybwards plassen
7. Juni plassen
Løkkeveien
Arbins gate
Kronprinsens gate
Cora Sandels fødested
Dizzie
Paleet
Scene West
National-theatret
Karl Johans gate
Universitetsgata
Rosenkrantz' gate
Pilestredet
Oslo Nye Theater
Centralteatret
Husfliden
Lille Grensen
Grensen
Spikersuppa
Ibsens bolig
Victoria terrasse
Ruseløkkveien
Chat Noir
Haakon VII's gt.
Klingenberggata
Roald Amundsens g.
Stortingsgata
Eidsvolls plass
Stortinget
Wessels plass
Slottsgate
Krogs gate
Ruseløkka skole
Konserthuset
Stenersen-museet
VIKA
Olav V's gate
Fridtjof Nansens plass
Tordenskiolds gate
Rosenkrantz' gate
Frimurer-losjen
Prinsens gate
Øvre Slottsgate
Nedre Slottsgate
Steen & Strøm
Høgskolen i Oslo
Vikatorvet
RING 1
Dr. Mauds gate
Olav V Kronpr. Märthas plass
Rådhuset
H. Heyerdahls g.
Øvre Vollgate
Nedre Vollgate
Tollbugata
Akersgata
SENT
Musikk-teatret
Enga
Nobels Fredssenter
Rådhus-plassen
Rolf Strangers plass
Rådhusgata
Dokkveien
Munkedamsveien
Latter
Grundingen
Bryggegata
Sjøgata
Holmens gate
Fjordalléen
Tingvallakaia
Bryggetorget
Beddingen
Stranden
Rådhusbrygge 4
Rådhusbrygge 3
Honnørbrygga
Rådhusbrygge 2
Rådhusbrygge 1
Christiania bymodell
Festnings-tunnelen
Kontraskjæret
Christiania torv
Teatermuseet
Gamle Raadhus
Kongens gate
Åflaskemuseet (Mini Bottle Gallery)
Arkitekturmuseet
AKER BRYGGE
Pipervika
Akershuskai, nordre
Skarpenorts kruttårn
Myntgata
Museet for samtidskunst
Revierstredet
Havnepolitiet
Akershus-utstikker
Hjemme-frontmuseet
Fengsels-museet
Grev Wedels plass
Akershusstranda
Glacisgata
Akershus festning
Knutstårnet
Fengsels-kirken
Kirkegata
Gamle Logen
Militær-hospital
Akershus slott
Oslo Cruise Terminal
Akershuskai, søndre
Nasjonal-monumentet
Munke-tårnet
Festnings-plassen
Kongens gate
Arsenalet
Otto Ruge
Forsvars-museet
Akershusstranda
200 m
Vippetangkaia
Fiskehallen
Utstikker 3
Utstikker 2
1
2
3
4
5
6
D
E
F
Lavettbygningen
Hovedøya
Ruin av cistercienserkloster

Det Norske Teatret
106
Regjerings-kvartalet
Johann Nygaardsvolds plass
Einar Gerhardsens plass
Sentrum
Persisk bad
A
B
C
Mangels-gården
Paleet
Scene West
Oslo Nye Theater
Høyesterett
Central-teatret
Husfliden
Rosenkrantz gate
Pilestredet
Møllergata
Youngs gate
Vaterlandstunnelen
H. Ibsens gate
Storgata
Ebbells gate
Brugata
Gunerius
Christian Krohgs gate
Vaterland
Lille Grensen
Grensen
Grubbegata
Glas-Magasinet
Torggata
Strøget
Pløens gate
Nygata
Stenersgata
Oslo Spektrum
Vaterlandsparken
1
Eidsvolls plass
Stortinget
Wessels plass
Slottsgate
Nedre Slottsgate
Stortorget
Oslo Domkirke
NAF-huset
Oslo City
Basar-hallene
Europa-rådetsplass
Jernbanetorget
Arkaden
Karl Johans gate
Byporten
RING 1
Posthuset
murer-losjen
Prinsens gate
Øvre
Steen & Strøm
Kirkegata
Nedre Vollgate
Tollbugata
Øvre Slottsgate
SENTRUM
Jernbane-torget
Østbane-hallen
Oslo sentralstasjon
4
2
Akersgata
Christiania torv
Åflaskemuseet (Mini Bottle Gallery)
Hoved-postkontor
Dronningens gate
Skippergata
Olsens gate
Christian Frederiks plass
Kongens
Statholder-gaarden
Film-museet
Toll-museet
Gamle Raadhus
Arkitekturmuseet
Børsen
Havnegata
Tomte-kaia
Mynt-
Museet for samtidskunst
Fred.
Rådhusgata
E 18
Palékaia
Fengsels-museet
Revierstredet
Astrup Fearnley museet
Grev Wedels plass
Havnelageret
Opera
Glacisgata
Fengsels-kirken
Gamle Logen
Militær-hospitalet
Langkaia
Nordic Black Theatre
Krankaia
BJØRVIKA
2010/2011
Nasjonal-monumentet
Kongens gate
Festnings-plassen
Akershusstranda
Revierkaia
Bjørvika
Bjørviksutstikkerenkaia
Akerselvkai vestre
Akerselvkai østre
Paulsenkaia
Arsenalet
Otto Ruge
Forsvars-museet
Bispevika
Sørengkaia
4
Vippetangkaia
DFDS, Stena Line
Fiskehallen
Utstikker 3
Utstikker 2
Sørengutstikkeren
Lohavn
5
200 m
Grønlikaia
Kongsveien
Havneveien
Grønli-utstikker
Helfer
Helleristnir
6
Ekebergkaia
E 18

TØYEN
Nilsen
hage
D
E
F
107
161
Tøyengata
Hagegata
Monrad
Ringgata
Kampen park
Sonsgate
1
Tøyen-kirken
Gråbein-gård
Tøyen skole
Schübelers gate
Sexes gate
Urte-
Nordby-
Motzfeldts gate
Heimdalsgata
Friis gate
Urte-hagen
Breigata
Goethe-institut
Internasjonalt kultursenter og museum
bekken
Grønland
Sørli plass
Sørli Lekepark
Sørligata
ENERHAUGEN
Smedgata
Kolstadgata
Brinken
Norderhov-gata
Skedsmo-gata
Hertug Skules gate
Jens Bjelkes gate
St. Hallvard
Tøyen-gata
Grønlands torg
Borggata
Gunhilds gate
Hagegata
Kjølberggata
Sommer-frydhagen
Nannestadgata
Grønlandsleiret
Oslo Brannmuseum
Enerhaug-plassen
Åkebergveien
Eiriks gate
Sigurds gate
Islamic Cultural Center
Det åpne teatret
Tøyen-
Platous gate
Grønland kirke
Politihuset
Sverres gate
Ullensaker-gata
2
Schweigaards gate
Hollendergata
Grønlands park
Oslo fengsel
Håkons gate
Brinken
Normannsgata
Willy Brandts bosted i 1930-åra
GRØNLAND
BYDEL GAMLE OSLO
Skulpturpark
Jarlegata
Klosterenga idrettsplass
Rostockergata
Munke-gata
Klostergata
Nonne-gata
RING 2
Jordal-gata
Oslo gate
Harald Hårdrådes plass
Vestfold-gata
Østfold-gata
3
Korskirken
Arups gate
Minneparken (Ruinparken)
Egedes gate
Gamlebyen-skole
Bispegata
Olavsklosteret
St. Halvards gate
Kværnerveien
Hallvardskirken
Clemens' gate
Halvards gate
GAMLEBYEN
Middelalder-parken
Clemens' park
Clemenskirken
Gamlebyen gravlund
Dyvekes vei
4
Kongsgården
Oslo gate
Mariakirken
Fransiskaner-klosteret
Alnagata
Alnafet-gata
Oslo Hospital
Ryenbergveien
Egnehjemveien
Konows gate
Ribbunggata
Mosseveien
Ekebergveien
Kongsveien
Oppegårdsgata
Svingen
BYDEL NORDSTRAND
Valhallveien
5
Brannfjellveien
E 6
190
Aspestien
Ekebergveien
Eikeveien
Gravhauger
Rohrts vei
Ekeberg-camping
Stamhus-veien
Jomfrubråtveien
EKEBERG
6
Jernaldersti
Ekebergveien
Ekebergsletta

A
B
C
1
2
3
4
5
6
500 m
Tryvannstua
Skomakertjern
Tryvann
Ringeriksflaka
460 m
Vestkleiva
Tryvannskleiva
Bomveien
Tårnbakken
Wyllerløypa
Hyttlibakken
Tryvannstårnet
Tryvannshøgda
529 m
BUL-hytta
Rødkleiva
Schrøderbakken
Tommkleiva
Tryvannsveien
Strømsdammen
Rødkleivfaret
1 Holmenkollbanen
Øvresetertjern
Lillevann
Lillevann
Voksen-
kollen
Øvreseter-
veien
Frognerseteren
Frognerseter
Voksenkollveien
VOKSENSKOG
Voksenåsen
500 m
Seterbakk
Lillevannsveien
Ullveien
Skogen
Voksenkollveien
Thorleif Haugs vei
Holmenkollveien
HOLMENKOLLÅSEN
Arnulf Øverlands vei
Styggedalen
Jerpevaret
Orreveien
Åsbrekka
Thorleif Haugs vei
Grindbakken
Orrebakken
Veien
Voksenkollveien
VOKSENLIA
Gjøkbakken
Sørkedalsveien
Voksenlia
Hospits-
Voksenliveien
Holmenkollen
kapell
Svarttrostveien
Røslyng-Skaret
Skimuseet
Kongeveien
"Gamle Akebakken"
Olaf Bulls vei
Måltrostveien
veien
Besserud-
tjernet
Midtstubakk
Harestien
Nye Holmen-
kollen Fyr
Holmenkoll-
bakken
Bogstad
camping
Wildenveybakken
Nils Collett Vogts
Trostefaret
Lillevannsveien
Oberst Angells vei
Troll
Midtstue
Ankerveien
Aslaug Vaas veg
Taxi
Hol-
menkoll-
veien
Peder Ankers
plass
Holmenkollen
Dr. Holms vei
Midtstugrenda
VOKSEN
vei
Setra vei
Besserud
Ankerveien
Sørkedalsveien
Olaf Aukrusts
Måltrost-
veien
Dagaliveien
Voksen kirke
Rughs vei
Ankerveien
Ankerveien
Vrags terrasse
Ankerveien

D
E
F
Ringe-
rike
Hønefoss
Hallingby
Sokna
Kvernvollen
Grønknuten
680
Granavollen
Vang
Jevnaker
Klinkenberg
Grymyr
Lunner
Roa
Grua
Surka
Mari Fjellet
720
Sandsnes
Maura
Teigebyen
Gardermoen
Åsgreina
Løken
Harestua
589
Holoa
Øyangen
Ringkollen
702
Viul
Færden
Hen
10 km
Leira
Nittelva
Holleia
øftefoss
Tyristrand
Vesetrud
Norderhov
Steinsåsen
Onsaker
Bøsnes
Sundvollen
(65)
Kleivstua
484
Krokkleiva
Løvlia
Oppkuven
704
Kikutstua
Kobberhaughytta
Tryvanns Høgda
529
Sørkedalen
Guriby
Holmen-
kollen
Hoppbakke
Oslo
OSLO
Hakadal
Tøyen-
haugen
Åneby
Gjerdrum
Rotnes
Movatn
Slattum
Skedsmo-
korset
Ask
Lillestrøm
Lørenskog
Akrene
Nordfjorden
Tyrifjorden
Steinsfj.
Holsfjorden
Åsmandrud
Gulsrud
Breiliflaka
702
Hornstua
Modum
Vikersund
Geithus
Haugfoss
Åmot
Sponevollen
Finnemarka
Sylling
Veslesetra
Sjåstad
(341)
Sollihøgda
Bærum
Hovseter
Høvik
Sandvika
Lysaker
Fornebu
Rustan
Nesbru
Nesodd-
tangen
Nordstrand
Oppsal
Losby
398
Lian
Bunnefjorden
Tranby
Lier
Knive
659
Bordvika
Lierskogen
Lierbyen
Dikemark
Heggedal
Asker
Fjellstrand
216
Nesodden
Siggerud
Oppegård
Hokksund
Krokstadelva
Solberg-
elva
Drammen
Reistad
Slemmestad
Nærsnes
Fagerstrand
Langhus
Gjetsjø
Ytre Enebakk
Steinberg
Mjøndalen
Spikkestad
Røyken
Båtstø
To-Grenda
Ski
Herregard
Konnerud
Sirikirke
635
Tørrbekk
Bygdeborg
Hyggen
356
Åros
Sætre
Frogn
Heer
Ås
Kråkstad
300
Hallerud
Drammenselva
Drammensfjorden
Eikeren
Klevjerhagen
Tangen
Skoger
396
Svelvik
Drøbak
Tomter
Elvestad
Spydeberg
Hobøl
Skiberg Fjellet
632
Eidsfoss
Herstad
Sande
Selvik
Verket
Klokkarstua
Hvitsten
Vestby
Stua
Hurum
Holmsbu
Filtvet
Skjelfoss
Berger
Rødtangen
Tofte
Hølen
Trollerudåsen
Gran
Hof
Sundbyfoss
Hillestad
Gullhaug
Son
Mørk
222
Hvittingfoss
Holmestrand
Store Brevik
Våler
Lunder
Jeløy
Kambo
Vål
Ros
Svarstad
Vivestad
Våle
Nykirke
Horten
Moss
Svinndal
Bråna Fjellet
Fossan
Skoppum
Borre
Fuglevik
Rygge
Værne Kloster
Vannsjø
206
399
Moa
Nes
Åsgårdstrand
89
Karlshus
Missingmyr
Stang
Råde
Vestfold
Andebu
Barkåker
Nauen
Skallevoll
Larkollen
Spetalen
Hvarn
Skorgeelva
Tønsberg
Sem
Vear
Furu-
strand
Husøy
Lervik
Engelsviken
Tune
Hauge
Prestbyen
Geirastadir
235
Stokke
Mel-
somvik
Nøtterøy
Nesbryggen
Oterbekk
Vikane
114
Hankø
Fjordhotel
Fredrikstad
Slevik
Kvelde
Holmen
Torp
Kjøpmannskær
Vrengen
Sandefjord
Sundet
Eikenes
Øyenkilen
Kråkerøy
Holm
Oslofjorden

Das Register enthält eine Auswahl der im Cityatlas dargestellten Straßen und Plätze

STRASSENREGISTER

KARTENLEGENDE

- Museum
- Theater, Oper
- Information
- Kirche, Kapelle
- Synagoge
- Moschee
- Krankenhaus
- Polizei
- Post
- Bibliothek
- Denkmal
- Ruine
- Leuchtturm
- Tennisplatz
- Strand
- Aussichtspunkt
- Zoo
- Campingplatz
- Parkplatz, Parkhaus
- Jugendherberge
- Hallenbad, Freibad
- U-Bahnlinie mit Station
- Bemerkensertes Gebäude
- Öffentliches Gebäude
- Grünfläche
- Unbebaute Fläche
- Fußgängerzone
- Stadtspaziergänge

FÜR IHRE NÄCHSTE REISE

gibt es folgende MARCO POLO Titel:

DEUTSCHLAND
Allgäu
Amrum/Föhr
Bayerischer Wald
Berlin
Bodensee
Chiemgau/Berchtesgadener Land
Dresden/Sächsische Schweiz
Düsseldorf
Eifel
Erzgebirge/Vogtland
Franken
Frankfurt
Hamburg
Harz
Heidelberg
Köln
Lausitz/Spreewald/Zittauer Gebirge
Leipzig
Lüneburger Heide/Wendland
Mark Brandenburg
Mecklenburgische Seenplatte
Mosel
München
Nordseeküste Schleswig-Holstein
Oberbayern
Ostfriesische Inseln
Ostfriesland/Nordseeküste Niedersachsen/Helgoland
Ostseeküste Mecklenburg-Vorpommern
Ostseeküste Schleswig-Holstein
Pfalz
Potsdam
Rheingau/Wiesbaden
Rügen/Hiddensee/Stralsund
Ruhrgebiet
Sauerland
Schwäbische Alb
Schwarzwald
Stuttgart
Sylt
Thüringen
Usedom
Weimar

ÖSTERREICH | SCHWEIZ
Berner Oberland/Bern
Kärnten
Österreich
Salzburger Land
Schweiz
Steiermark
Tessin
Tirol
Wien
Zürich

FRANKREICH
Bretagne
Burgund
Côte d'Azur/Monaco
Elsass
Frankreich
Französische Atlantikküste
Korsika
Languedoc-Roussillon
Loire-Tal
Nizza/Antibes/Cannes/Monaco
Normandie
Paris
Provence

ITALIEN | MALTA
Apulien
Capri
Dolomiten
Elba/Toskanischer Archipel
Emilia-Romagna
Florenz
Gardasee
Golf von Neapel
Ischia
Italien
Italienische Adria
Italien Nord
Italien Süd
Kalabrien
Ligurien/Cinque Terre
Mailand/Lombardei
Malta/Gozo
Oberital. Seen
Piemont/Turin
Rom
Sardinien
Sizilien/Liparische Inseln
Südtirol
Toskana
Umbrien
Venedig
Venetien/Friaul

SPANIEN | PORTUGAL
Algarve
Andalusien
Barcelona
Baskenland/Bilbao
Costa Blanca
Costa Brava
Costa del Sol/Granada
Fuerteventura
Gran Canaria
Ibiza/Formentera
Jakobsweg/Spanien
La Gomera/El Hierro
Lanzarote
La Palma
Lissabon
Madeira
Madrid
Mallorca
Menorca
Portugal
Sevilla
Spanien
Teneriffa

NORDEUROPA
Bornholm
Dänemark
Finnland
Island
Kopenhagen
Norwegen
Oslo
Schweden
Stockholm
Südschweden

WESTEUROPA | BENELUX
Amsterdam
Brüssel
Dublin
Edinburgh
England
Flandern
Irland
Kanalinseln
London
Luxemburg
Niederlande
Niederländische Küste
Schottland
Südengland

OSTEUROPA
Baltikum
Budapest
Danzig
Estland
Kaliningrader Gebiet
Krakau
Lettland
Litauen/Kurische Nehrung
Masurische Seen
Moskau
Plattensee
Polen
Polnische Ostseeküste/Danzig
Prag
Riesengebirge
Russland
Slowakei
St. Petersburg
Tallinn
Tschechien
Ukraine
Ungarn
Warschau

SÜDOSTEUROPA
Bulgarien
Bulgarische Schwarzmeerküste
Kroatische Küste/Dalmatien
Kroatische Küste/Istrien/Kvarner
Montenegro
Rumänien
Slowenien

GRIECHENLAND | TÜRKEI | ZYPERN
Athen
Chalkidiki
Griechenland Festland
Griechische Inseln/Ägäis
Istanbul
Korfu
Kos
Kreta
Peloponnes
Rhodos
Samos
Santorin
Türkei
Türkische Südküste
Türkische Westküste
Zakinthos
Zypern

NORDAMERIKA
Alaska
Chicago und die Großen Seen
Florida
Hawaii
Kalifornien
Kanada
Kanada Ost
Kanada West
Las Vegas
Los Angeles
New York
San Francisco
USA
USA Neuengland/Long Island
USA Ost
USA Südstaaten/New Orleans
USA Südwest
USA West
Washington D.C.

MITTEL- UND SÜDAMERIKA
Argentinien
Brasilien
Chile
Costa Rica
Dominikanische Republik
Jamaika
Karibik/Große Antillen
Karibik/Kleine Antillen
Kuba
Mexiko
Peru/Bolivien
Venezuela
Yucatán

AFRIKA | VORDERER ORIENT
Ägypten
Djerba/Südtunesien
Dubai
Israel
Jerusalem
Jordanien
Kapstadt/Wine Lands/Garden Route
Kapverdische Inseln
Kenia
Marokko
Namibia
Qatar/Bahrain/Kuwait
Rotes Meer/Sinai
Südafrika
Tansania, Sansibar
Tunesien
Vereinigte Arabische Emirate

ASIEN
Bali/Lombok
Bangkok
China
Hongkong/Macau
Indien
Indien/Der Süden
Japan
Kambodscha
Ko Samui/Ko Phangan
Krabi/Ko Phi Phi/Ko Lanta
Malaysia
Nepal
Peking
Philippinen
Phuket
Rajasthan
Shanghai
Singapur
Sri Lanka
Thailand
Tokio
Vietnam

INDISCHER OZEAN | PAZIFIK
Australien
Malediven
Mauritius
Neuseeland
Seychellen
Südsee

REGISTER

In diesem Register sind alle im Reiseführer erwähnten Sehenswürdigkeiten, Museen und Ausflugsziele sowie einige wichtige Persönlichkeiten aufgeführt. Halbfette Seitenzahlen verweisen auf den Haupteintrag.

> SCHREIBEN SIE UNS

Liebe Leserin, lieber Leser,

wir setzen alles daran, Ihnen möglichst aktuelle Informationen mit auf die Reise zu geben. Dennoch schleichen sich manchmal Fehler ein – trotz gründlicher Recherche unserer Autoren/innen. Sie haben sicherlich Verständnis, dass der Verlag dafür keine Haftung übernehmen kann.

Wir freuen uns aber, wenn Sie uns schreiben.

Senden Sie Ihre Post an die
MARCO POLO Redaktion,
MAIRDUMONT, Postfach 3151,
73751 Ostfildern,
info@marcopolo.de

IMPRESSUM

Titelbild: Hafen Aker Brygge mit Rathaus (Huber: Huber)
Fotos: 0047: Espen Røyseland (14 u.); Båtservice Sightseeing AS: Kristian Qvigstad (84 M. r.); Bølgen & Moi Briskeby: Knut Bry (13 o.); Brasserie France: Lasse Ingeberg (15 o.); D/S LOUISE RESTAURANT & BAR (85 M. l.); R. Freyer (U. M., 2 l., 3 l., 3 M., 3 r., 5, 8/9, 18, 20/21, 22/23, 30/31, 37, 42, 43, 48/49, 53, 55, 56/57, 58, 62/63, 64, 70, 73, 77, 78/79, 80, 86/87,); www.frisbee.no (14 o.); Glazed & Amused: Thea Johansen (84 u. r.); Godt Brød Norge AS (84 o. l.); HeliWing: Løchen Mediaweb, by Terje Løchen (85 M. r.); Huber: Huber (1); R. Irek (U r., 2 r., 16/17, 20, 21, 66, 91, 100/101); © iStockphoto.com: Claudio Arnese (85 o. l.), gerenme (84 M. l.), Andrea Gingerich (85 u. r.), Andrija Kovač (15 u.); J.-U. Kumpch (122); Moods Of Norway: Eirik Knudsen/Cockpit Studio (12 u.); Silje Pedersen (12 o.); D. Renckhoff (U. l., 4 l., 4 r., 6/7, 11, 26, 28, 32, 34, 39, 41, 44, 46, 50, 54, 60, 68/69, 75, 76, 76/77, 83, 89); STANDARD (OSLO) (15 M.); ZERO (13 u.)

1. Auflage 2010

Chefredaktion: Michaela Lienemann (Konzept, Chefin vom Dienst), Marion Zorn (Konzept, Textchefin)
Autoren: Jens-Uwe Kumpch, Thomas Hug; Redaktion: Christina Sothmann
Programmbetreuung: Silwen Randebrock; Bildredaktion: Gabriele Forst
Szene/24h: wunder media, München
Kartografie: DuMont Reisekartografie, D-82256 Fürstenfeldbruck © MAIRDUMONT, D-73751 Ostfildern
Innengestaltung: Zum goldenen Hirschen, Hamburg; Titel/S. 1–3: Factor Product, München
Sprachführer: in Zusammenarbeit mit Ernst Klett Sprachen GmbH, Stuttgart, Redaktion PONS Wörterbücher

Printed in Hungary. Gedruckt auf 100% chlorfrei gebleichtem Papier

> UNSER AUTOR

MARCO POLO Insider Jens-Uwe Kumpch im Interview

Jens-Uwe Kumpch lebt als freier Übersetzer und Autor in Bergen und besucht Norwegens Hauptstadt regelmäßig mehrmals im Jahr.

Ein Westnorweger, der Oslo mag?

Ja, wahrlich keine Selbstverständlichkeit. Als ich Ende der 1980er-Jahre nach Bergen zog, besuchte ich Oslo ausschließlich als Tourist, schaute mir die Highlights an, fand die Stadt aber ansonsten eher uninteressant, ja fast ein wenig verschlossen. Doch seit Mitte der 1990er-Jahre ändert sich Oslo sicht- und spürbar. Seitdem freue ich mich jedes Mal, wenn es wieder gen Osten geht. Dabei entdecke ich immer wieder neue Ecken.

Welche Stadtteile ziehen Sie besonders an?

Sehr gern bin ich im Bürgerviertel Frogner mit seinen symmetrischen Straßenzügen und den schön verzierten Fassaden. Immer wieder entdecke ich Gebäude, über die ich staune und die mich neugierig machen. Ganz anders, buchstäblich spannend ist Oslo in den Straßen hinter dem Hauptbahnhof mit ihrem architektonischen Chaos und der kulturellen Vielfalt; alles ist ein bisschen verschlissen, aber das hat auch seine Reize. Und weil ich sehr gern am Wasser bin, gehe ich bei Sonnenschein aufs Operndach und am Abend zum Anleger vor dem Rathaus hinunter. Salzige Luft, der Blick übers Wasser und viele fröhliche Menschen – das ist für mich Osloer Sommer.

Wie sieht Ihr perfekter Ferientag in Oslo aus?

Gemeinsam mit meinen Osloer Freunden die Fähre zur Insel Bygdøy nehmen und dort bis in die Nacht bleiben. Tagsüber besuchen wir die Museen und erfahren immer noch etwas Neues über die berühmtesten Norweger. Zu meinen Favoriten gehört das „Folkemuseum", das viel über norwegische Baukunst und Traditionen erzählt. Zwischendurch legen wir ausgiebige Pausen am Wasser ein. Den langen, hellen Abend lassen wir dann am Strand mit Picknick und Blick auf den Fjord ausklingen.

Und was machen Sie im dunklen Winter?

Für mich die perfekte Jahreszeit in Europas Winterhauptstadt! Ich fahre mit der Bahn zum Holmenkollen hinauf und tauche von dort für ein paar Stunden auf Skiern in die Wälder ab. Die Loipen sind ausgeleuchtet und gut präpariert. Das Schöne ist, dass trotz der trüben Witterung alle nur freundlich sind, grüßen und auch gern mal für einen Plausch die Wanderung unterbrechen.

Was stört Sie an Oslo?

Die Schattenseiten des Wohlstands, wie sie etwa in der Umgebung des Hauptbahnhofs zu sehen sind. Viel Elend, Drogen, Bettelei sind Dinge, die man nicht sofort mit einem Land wie Norwegen verbindet, die hier aber deutlich zutage treten. Und ich gehe nicht gern am frühen Morgen durch die Stadt, denn das Osloer Nachtleben ist intensiv und hinterlässt viel Dreck.

>BLOSS NICHT!

Ein paar Tipps, die Ihnen in Oslo Unannehmlichkeiten ersparen

Trinken und fahren

Sind Sie mit dem Wagen auf Oslos Straßen unterwegs, lassen Sie ihn bitte selbst nach der kleinsten Menge Alkohol stehen. Die Blutalkoholgrenze liegt in Norwegen bei 0,2 Promille, die Polizei ist unerbittlich, die Geldbußen sind gigantisch. Bei dem kleinsten Vorfall drohen Ihnen sogar Gefängnisstrafen.

Sich auf die NSB verlassen

Sollten Sie mit dem Zug unterwegs sein und einen wichtigen Termin haben oder etwa einen Flug erreichen wollen: Verlassen Sie sich keinesfalls auf die staatliche norwegische Eisenbahngesellschaft NSB. Ihre Züge sind notorisch unpünktlich, und in regelmäßigen Abständen steht der gesamte Zugverkehr in und um Oslo still.

In Taxiwarteschlangen diskutieren

An Freitagen und Samstagen nach der Polizeistunde, die um 3.30 Uhr schlägt, bilden sich an den Taxihaltestellen oft lange Warteschlangen. Vermeiden Sie es besser, dort zu diskutieren oder sich gar nach vorne zu drängeln. Immer wieder passiert es, dass die Stimmung unter den ansonsten ruhigen und friedlichen Norwegern bei solchen Vorfällen in Aggression umschlägt und der Abend mit Schlägereien endet. Überlassen Sie diesen „Sport" den Einheimischen.

In Kritik einstimmen

Wenn Sie mit Norwegern und Norwegerinnen ins Gespräch kommen, werden Sie schon bald viel Kritik an deren Heimat zu hören bekommen. An ihrem politischen System finden die Norweger augenscheinlich nicht viel Gutes, und viele meinen auch, das Königshaus sei antiquiert. Beachten Sie bitte: Kritik ist nur gut, solange sie von Landsleuten kommt. Von einem Ausländer verbittet man sich das, und Ihre Zustimmung hier kann peinliches Schweigen verursachen.

In ein Piratentaxi steigen

Wie alles in Oslo sind auch die Taxis teurer als in anderen europäischen Hauptstädten. Die „Pirattaxis" (Piratentaxis), die an strategisch günstigen Orten ihre Dienste anbieten, sollten Sie trotz der scheinbar günstigen Festpreise nicht benutzen. Es passiert immer wieder, dass Kunden ausgeraubt oder anderweitig drangsaliert werden.

Handeln

Oslo ist eine teure Stadt, und sie liegt nicht im Orient. Versuchen Sie gar nicht erst, über einen Preis zu verhandeln, Sie stoßen im besten Fall auf völliges Unverständnis. Die ausgewiesenen Preise werden bezahlt, so einfach ist das. Deshalb lohnt es sich, die Preise zu vergleichen, denn manche Discountangebote und Kampagnenpreise können selbst im europäischen Vergleich günstig sein.